《科学家励志故事系列丛书》

丛书编委会

丛书主编 任福君

分册主编 周大亚 张佳静 杨志宏

编委会办公室

主　　任 孟令耘 石　磊

成　　员（以姓氏拼音为序）

陈萌萌　高文静　刘　婷

马　丽　宋　微　王　妍

肖博仁　张嘉懿　张晓昕

张晓铮　钟卫宏

科学家励志故事系列丛书

第三册

丛书主编　任福君
本册主编　杨志宏

中国科学技术出版社
·北京·

图书在版编目（CIP）数据

科学家励志故事系列丛书. 第三册 / 任福君丛书主编；杨志宏本册主编. — 北京：中国科学技术出版社，2021.11

ISBN 978-7-5046-9207-8

Ⅰ. ①科… Ⅱ. ①任… ②杨… Ⅲ. ①科学家—列传—中国—现代 Ⅳ. ① K826.1

中国版本图书馆 CIP 数据核字（2021）第 191051 号

责任编辑	韩　颖　何红哲
版式设计	中文天地
责任校对	吕传新　邓雪梅
责任印制	李晓霖

出　　版	中国科学技术出版社
发　　行	中国科学技术出版社有限公司发行部
地　　址	北京市海淀区中关村南大街 16 号
邮　　编	100081
发行电话	010-62173865
传　　真	010-62173081
网　　址	http://www.cspbooks.com.cn

开　　本	710mm×1000mm　1/16
字　　数	252 千字
印　　张	15
版　　次	2021 年 12 月第 1 版
印　　次	2021 年 12 月第 1 次印刷
印　　刷	三河市荣展印务有限公司
书　　号	ISBN 978-7-5046-9207-8 / K·311
定　　价	99.00 元

（凡购买本社图书，如有缺页、倒页、脱页者，本社发行部负责调换）

主编的话

（一）

2010年5月，"老科学家学术成长资料采集工程"（简称"采集工程"）正式启动。这项工作致力于搜集、整理、保存、研究中国科学家的学术成长资料，以此记录和展示中国科学家个人科研生涯与中国现代科技发展历程，由中国科协牵头，联合中组部、教育部、科技部、工信部、财政部、文化部、国资委、解放军总政治部、中国科学院、中国工程院、国家自然科学基金委员会等11个部委共同组织实施。

十二年来，采集工程不断推进，至今已开展了近600位老科学家及科学家群体的资料采集工作，获得了大量的手稿、书信、照片、科研仪器等实物资料和数字化与音视频资料，为公众了解老科学家的科研人生、探索科技人才成长规律、研究中国科技事业发展历程，积累了丰富翔实的素材。

作为采集工程的成果之一，自2014年10月起，采集工程在《中国科学报》上策划和组织开设了"印刻"专版，每期用一个整版的篇幅介绍接受采集的科学家，并配以相关史料或采集工作心得，既展现了老科学家曲折丰富的人生故事和科研经历，又提供了一些珍贵的历史资料，同时也成为采集工作经验总结和交流的平台。这套丛书便是近几年"印刻"专版的合辑。

（二）

但是，这套丛书并非"印刻"已刊发文章的简单汇集出版。

"印刻"刊出的每一期文章都由采集小组分别撰写完成，汇集了每个采集小组在平均两年的资料采集和研究报告撰写周期里，所获得的对科学家最完整、最深入的认识。遗憾的是，由于受报纸版面限制，"印刻"刊发时不得不删去了许多片段和图片，使许多叙事显得干巴、生硬，趣味性、可读性受到很大影响。现在的合辑基本恢复各采集小组提交稿件的原貌，有些还补充了新的资料，讲述更丰满、更鲜活的故事。

自编辑审定"印刻"文稿以来，我们一次次被文中科学家们执着科学、潜心钻研、严肃认真、求实创新的精神所感动，也一次次被科学家们爱国为民、无私奉献、科技报国、无怨无悔的事迹所震撼。衷心希望读者能从这些故事中感悟这百余位老科学家的科研人生与家国情怀，品味科研道路上的艰难、挫折与荣耀，理解什么是科学精神以及科学精神于我们日常生活的价值何在。

全书由三个分册组成。每一分册以学科相近为依据分大类，并于每一篇文后设有"相关阅读"，选刊部分采集工作中所获得的重要文献和访谈记录、一些采集人员的感悟心得等，为读者提供内容多样、形式各异的延伸阅读素材。另外，作为整理和研究中国现代科学家资料和科技发展史料的重要成果，截至2021年，采集工程已经出版科学家传记138册和多种相关作品，尝试探索兼具学术性、史料性和可读性的科学家传记写作方式，逐渐形成了规模和系统性。有兴趣的读者可从本书每个分册的封底看到这一总书目，选择阅读更翔实的科学家大传。

（三）

科学家励志故事丛书分为三册，为方便读者阅读，分别按科学家所在的不同学科领域或工程技术门类分辑，编纂了不同学科领域的62位科学家的故事。

第一册收入从事数学、材料学、核物理、力学等领域的17位科学家。其中有"采数学之美为吾美"的数学家周毓麟，与核能终身结缘的宋家树、张焕乔、徐志磊、李德平，他们能"铸核"，也能"控核"；能拿起"核盾"保家卫国，也能掌握"辐射防护"的秘密，为生命安全铸造铠甲。他们中有研究飞行器动力的俞鸿儒，有锻造国防"千里眼"的毛二可……他们把自己的科研追求与国家利益、人民需要时时刻刻联系在一起。

第二册收入从事地学、水利、建筑学、林学等领域的27位科学家。其中有"情定石油事业"的李庆忠，有"开启大地宝藏"的陈毓川，有"山高水远在路上"的肖序常，有"矢志不渝，痴迷生态"的林学家李文华，有醉心地质地貌、"求真务实喀斯特卢"的卢耀如，还有以建筑为科学舞台、"徜徉在剧场时空的行者"的李道增，"建筑大师"关肇邺……他们追求真理、严谨治学，他们走遍大江南北、深山茂林、长江大河，他们攀越技术难关、科学高峰；无论是在野外观测、勘探还是在实验室演算、实验，他们的目标都是为了发展新中国的科学事业。从他们身上，我们能看到老一辈科学家严谨求实的科学精神，感受到无悔奉献的家国情怀。

第三册收入从事医学、病毒学、药学、农学、动物学等领域的18位科学家。其中有与病毒做斗争的"中国治疗性乙肝疫苗的开拓者"闻玉梅，有"与病毒战斗一辈子"的病毒学家曾毅，有"一生只为一件事"、在中国消灭脊髓灰质炎的"糖丸爷爷"顾方舟，有作物育种和细胞遗传学家戴松恩，有为小麦育种在祖国大地上焕发智慧光彩的中国现代小麦科学主要奠基人金善宝……从他们身上，不仅能看到老一辈科技工作者持续、专注的精神，也能感受到他们的赤诚爱国心。

（四）

采集工程是行政动员与学术规范的结合，是由一批具有不同专业背景、来自不同工作机构的人员共同努力推进的事业——仅本书中的署名作者就有几十位，还有许许多多十二年来坚持不懈地推进采集工程的有关领导、专家、学者、管理人员、技术人员，限于篇幅，请原谅在此无法一一具名表示由衷的感谢！

特别要感谢的，是已收入本书和暂时还未收入本书的所有老一辈科学家、技术工程专家们，是他们用自己的科研人生为我们留下了这些堪称精神财富的动人故事。

老科学家学术成长资料采集工程简介

老科学家学术成长资料采集工程（以下简称"采集工程"）是根据国务院领导同志的指示精神，由国家科教领导小组于2010年正式启动，中国科协牵头，联合中组部、教育部、科技部、工信部、财政部、文化部、国资委、解放军总政治部、中国科学院、中国工程院、国家自然科学基金委员会等11个部委共同实施的一项抢救性工程，旨在通过实物采集、口述访谈、录音录像等方法，把反映老科学家学术成长历程的关键事件、重要节点、师承关系等各方面的资料保存下来，为深入研究科技人才成长规律、宣传优秀科技人物提供第一手资料和原始素材。

采集工程是一项开创性工作。为确保采集工作规范科学，启动之初即成立了由中国科协主要领导任组长、12个部委分管领导任成员的领导小组，负责采集工程的宏观指导和重要政策措施制定，同时成立领导小组专家委员会负责采集原则确定、采集名单审定和学术咨询，委托科学史学者承担学术指导与组织工作，建立专门的馆藏基地确保采集资料的永久性收藏和提供使用，并研究制定了《采集工作流程》《采集工作规范》等一系列基础文件作为采集人员的工作指南。截至2021年9月，采集工程已启动592项老科学家的学术成长资料采集工作（科学家个人采集581项、群体采集11项），获得实物原件资料132922件、数字化资料318092件、视频资料443783分钟、音频资料527093分钟。基于采集资料出版科学家传记和口述自传138册。

采集工程的成果目前主要有四种体现形式，一是建设"中国科学家博物馆网络版"，提供学术研究和弘扬科学精神、宣传科学家之用；二是编辑制作科学家专题资料片系列，以视频形式播出；三是研究撰写客观反映老科学家学术成长经历的研究报告，以学术传记的形式，与中国科学院、中国工程院联合出版；四是以科学家故事丛书、儿童及青少年绘本、采集工程主题展全国巡展、微信、微博、抖音公众号等形式，向全社会不同年龄段人群宣讲科学家故事、弘扬科学家精神。随着采集工程的不断拓展和深入，将有更多形式的采集成果问世，为社会公众了解老科学家的感人事迹、探索科技人才成长规律、研究中国科技事业的发展历程提供客观翔实的史料支撑。

老科学家学术成长资料采集工程
领导小组专家委员会

主　任：韩启德

委　员：（以姓氏拼音为序）

　　　　陈佳洱　　方　新　　傅志寰　　李静海　　刘　旭
　　　　齐　让　　王礼恒　　徐延豪　　赵沁平

老科学家学术成长资料采集工程
丛书组织机构

特邀顾问

　　　　樊洪业　　方　新　　谢克昌

编委会

主　编：老科学家学术成长资料采集工程领导小组办公室

编　委：（以姓氏拼音为序）

　　　　定宜庄　　董庆九　　郭　哲　　胡化凯　　胡宗刚
　　　　刘晓堪　　吕瑞花　　秦德继　　任福君　　王扬宗
　　　　熊卫民　　姚　力　　张大庆　　张　剑　　张　藜
　　　　周大亚　　周德进

编委会办公室

主　任：孟令耘　　杨志宏

副主任：许　慧　　刘佩英

成　员：（以姓氏拼音为序）

　　　　冯　勤　　高文静　　韩　颖　　李　梅　　刘如溪
　　　　罗兴波　　王传超　　余　君　　张佳静

目录

盛彤笙：兴学强农育英才
　　　　情系民生显胸怀 / 001

吴德昌：敢闯"生命禁区"的人 / 013

戴立信：化学担当 / 025

肖培根：根植华夏　绿药觅踪 / 039

戴松恩：在祖国大地上焕发智慧光彩 / 053

顾方舟：一生只为一件事 / 067

金善宝：百年耕耘路
　　　　拳拳报国情 / 077

闻玉梅：中国治疗性乙肝疫苗的开拓者 / 091

曾毅：与病毒战斗一辈子 / 105

翟中和：我相信"勤能补拙" / 117

康振黄：让生命之花灿烂 / 129

赵尔宓：从水到陆　发现生命进阶 / 141

文圣常：耕海踏浪谱华章 / 157

童坦君：君子坦荡厚积薄发
　　　　衰老世界探究引领 / 169

胡皆汉：无学位的光谱波谱
　　　　与结构化学家 / 179

李连达：毕生奉献中医药 / 191

石钟慈：于磅礴中上下求索 / 201

鞠躬：一位神经生物学家的
　　　成长之路 / 211

盛彤笙：兴学强农育英才 情系民生显胸怀

■ 胡云安 陈贵仁 赵西玲
（甘肃农业大学）

盛彤笙（1911—1987），出生于湖南长沙。畜牧兽医教育家、科学家，中国现代兽医学奠基人之一。1922年入雅礼中学就读，1928年考入中央大学理学院动物学系，1936年和1938年分别获得柏林大学医学和兽医学博士学位。回国后先后任教于江西省立兽医专科学校、西北农学院、中央大学。1946年赴兰州筹建国立兽医学院并出任院长。1949年后，担任西北军政委员会畜牧部（局）副部（局）长、中国科学院西北分院筹备委员会副主任委员等职务。1955年当选为中国科学院生物学地学部学部委员（院士）。1957年起先后在中国农业科学院西北畜牧兽医研究所、中兽医研究所、兰州兽医研究所工作，1979年调任江苏省农业科学院任研究员。2009年被授予"新中国成立60周年'三农'模范人物"荣誉称号。

饱学之士　娃娃教授

盛彤笙祖籍江西省永新县龙门镇上盛村。祖上是当地的名门望族、书香之家，后来家道中落，其父在湖南长沙一所教会办的雅礼中学当了名小职员，1922年盛彤笙小学毕业后在这所学校上中学，讲课的大多是美国教师，课本除了国文和中国历史、地理外，其他课程全都是英文教本。雅礼中学这段严格的训练，为他打下了良好的英语和文化功底。

1928年，盛彤笙考入南京国立中央大学理学院动物学系。他以异于常人的学习劲头，用三年时间读完了四年的课程，之后又考入上海医学院学医。学校授课的大多数是外籍教授，对学生要求非常严格，淘汰率也很高。在上海医学院读完三年级，还差两年毕业时，遇上原籍江西招考公费留学生，盛彤笙报名参加了考试，并被录取。1934年，盛彤笙赴德国留学，在海上航行了一个多月。他以过人的天赋和刻苦的精神，从德文字母开始学习新的语言，到柏林时已初步能用德语会话。入学后，他先用两年时间修完全部课程，1936年通过了博士论文答辩。

20世纪30年代初，盛彤笙在中央大学上实验观察课

20世纪30年代，盛彤笙在德国柏林大学校园留影

之后两年又在汉诺威兽医学院学习兽医，通过了兽医学博士论文答辩。

　　1938年，盛彤笙在德国学业有成，已是精通英、德、俄三种语言，取得了医学、兽医学两个博士学位的饱学之士。以他的才学可以在欧洲任何一个国家找到一份条件优越、待遇优厚的工作，但在欧洲的留学生涯使盛彤笙看到了畜牧业对强壮一个民族的重要性。他深感自己的同胞终生劳碌，每人所能享用的资源却极其有限，民众的生活一直停留在非常困乏的状态，健康蒙受了很不利的影响。因此，他义无反顾地回到了山河破碎的祖国，兴办教育，传播知识，培养人才，造福民族。

　　盛彤笙回国后，先后在江西省立兽医专科学校、西北农学院执教，1941年来到中央大学。当年中央大学有一批刚从国外回来的青年教授，如翁文波、胡祥壁、汤逸人、黄玉珊等，均未满30岁，他们思想活跃，精力旺盛，充满了朝气和活力，被学生们戏称为"娃娃教授"，而盛彤笙更是其中的"娃娃教授头"，名满全校。

创业西北　兴学强农

1946 年 5 月，国民政府决定在甘肃兰州创办一所国立兽医学院，以开发大西北的草原资源，发展畜牧业。国民政府教育部长朱家骅亲自点将盛彤笙到兰州筹建我国唯一的独立兽医学院。在兰州大学校长辛树帜的鼎力支持下，整个办学从延揽师资、招收学生、设置课程、筹措经费到修建校舍、购置仪器、厘定章则等一应大小事务，都在艰难中有条不紊地进行。仅两三年时间，就在黄河之滨的小西湖畔建起了一座雄伟壮观的教学楼——伏羲堂，聘请了十几位留洋博士，仪器设备也初具规模，一座世人瞩目的高等学府——国立兽医学院出现在甘肃兰州。在当年的亚洲，也只有日本东京大学、菲律宾马尼拉大学、印度德里大学设有兽医学院，而独立设置的仅此一家。

20 世纪 40 年代末，盛彤笙（中）与总务长常英瑜（右）、教师谢铮铭在国立兽医学院交谊厅前合影

新中国成立后，盛彤笙被中央人民政府政务院任命为西北兽医学院院长。盛彤笙对学院的前景充满了信心，他经常激励同学们："我们学习兽医科学，就是要增加皮毛乳肉的产量，使全国同胞都能过上丰衣足食的生活，让全国的人每天

有半斤奶、一枚蛋，每人有一件毛衣、一双皮鞋，大家都能享受畜牧业之惠，做一个健康强壮的中国人，做一个有尊严有品位的中国人。希望同学们坚韧勇敢地担当起来。"

1950年，盛彤笙调任西北军政委员会畜牧部副部长。虽然工作繁忙，但他非常关心学校的建设和发展，多次从西北畜牧部、教育部为学院争取科研和基建经费；每年都在开学和期末到学校来安排工作，在开学典礼上和学生见面、讲话，勉励他们为畜牧业的发展做出贡献。

党和政府也极为重视兽医学院的发展。1949年10月1日，既是开国大典又是国立兽医学院三周年校庆，西北野战军副司令员张宗逊一早就来到学校，和师生一起"国校同庆"。1950年12月3日，甘肃省人民政府主席邓宝珊在工作千头万绪、百废待举之时，参加首届学生的毕业典礼，称"盛彤笙是我们甘肃的宝贝"，勉励毕业生要为农牧民谋幸福。更为难忘的是，1951年8月28日，西北军政委员会副主席习仲勋在参加甘肃土地改革工作会议后，专程来院视察，称赞国立兽医学院是"大西北的瑰宝"。同时，政府逐年增加学院的办学经费，一大批国内外著名的专家学者齐聚在伏羲堂前，整个学院人才济济，仪器设备充足完备，招生人数不断增加。1953年还在全国首批招收研究生，开始更高层次的人才培养，学院成为亚洲第一流的畜牧兽医高等学府。1956年，苏联派驻中国的农业部专家组组长、莫斯科兽医学院院长叶尔绍夫曾经说，"我考察了中国十多个兽医专业教育机构，包括南京农学院的兽医专业，其前身为中央大学兽医系，曾经拥有中国第一流的兽医师资和设备，培养出许多人才。但我考察后认为，唯一与莫斯科兽医学院相当的，是兰州小西湖的那个小小的西北畜牧兽医学院。"

1957年，正当一展抱负之时，盛彤笙被无端打成"右派"，并撤销一切职务。一年后，西北畜牧兽医学院迁到武威黄羊镇，与筹建中的甘肃农学院合并成立了甘肃农业大学。但盛彤笙创办的这所立足于大西北的畜牧兽医学院，为新中国培养了一大批高层次的专业人才。12年中，开办大学本科、专科以及各类短训班、民族班、藏训班、轮训班共50多个班次，培养专科、本科、硕士研究生及各类短训人员2000多人。在畜牧兽医人才奇缺的大西北，这是一个了不起的成绩。1954年《人民画报》十一月号以及《西北画报》1954年第三期都将西北畜牧兽医学院作为新中国的建设成就，向国内外作了专题介绍，在中国农业教育史上写下了浓墨重彩的一页。

学界泰斗　惠泽苍生

　　盛彤笙学业精深，学贯中西。留学期间，他曾代表中国政府参加了在德国莱比锡举行的世界家禽会议和在瑞士召开的第 13 届世界兽医会议。1941 年来到迁至成都的中央大学畜牧兽医系任教，相对稳定的环境使他能专心致力于教学和科研。当时成都地区的水牛流行一种不能站立、四肢麻痹、腿部皮肤温度低的疾病，农民称为"四脚寒"，给养牛农户造成很大损失。在当时既无经费又无设备的困难条件下，盛彤笙通过实地调查和病例分析，并查找了国内外大量资料，在世界上首次证实了我国川西一带流行的水牛"四脚寒病"是一种由病毒引起的传染性脑脊髓炎，并发现了一种新病毒，这个成果在全球顶极刊物《科学》上发表。这在当时犹如一道闪电，划破抗日战争大后方的夜空。

　　新中国成立前，国内的兽医专业教材不多，在中央大学任教的 5 年，盛彤笙先是从德国留学带回来的显微胶卷中译出 Kelser 教授所著的《兽医细菌学》，还编写了我国第一部《兽医细菌学实习指导》和《家畜尸体解剖技术》，作为畜牧兽医专业教材。《兽医细菌学实习指导》被各大学或农学院的畜牧兽医专业选用，盛彤笙先后与助教朱晓屏、廖延雄合作，再版两次。1942 年，他受命主编刚刚复刊的《畜牧兽医月刊》，同时还担任《中国畜牧兽医学会会讯》《中华自然科学社社闻》两种刊物的编辑、发行工作。在抗战期间畜牧兽医读物贫乏的情况下，为同道提供了发表科研成果和交流国内外科学情报的园地。

　　新中国成立后，党和政府非常看重盛彤笙的才学，在西北军政委员会主席彭德怀和副主席习仲勋、张治中的推荐下，毛泽东主席、周恩来总理六次签署任命书，对盛彤笙委以重任。他先后担任西北军政委员会畜牧部副部长、西北行政委员会委员、西北行政委员会畜牧局副局长等职务。同时，他还在 1954 年当选为第一届全国人大代表，1955 年被遴选为中国科学院生物学地学部学部委员，1956 年被选为中国农业科学院学术委员会副主任，后任中国畜牧兽医学会副理事长。

祖国的大西北幅员辽阔，草原广袤，历来是畜牧业发展的重要基地。但由于畜牧兽医事业极为落后，许多疫病如牛瘟、马鼻疽、猪霍乱、羊痘、鸡瘟，各种家畜的炭疽和出血性败血症等，几乎年年在各地流行，重创了畜牧业的发展。作为西北畜牧部当时的专业领导，盛彤笙多次深入牧区调查研究，奔波在疫病防治的第一线。他赴青海指导羔羊痢疾的研究；在宁夏和甘肃取得了牛瘟、炭疽、出血性败血症、疥疮等疫病防治的突破；赴陕西汉中指挥了围剿口蹄疫的战役；组织西北各省开展了大规模的家畜寄生虫防治，逐步扭转了羊只春季大量死亡的局面。他最早提出了"贮草备冬、划区轮牧、改良畜种"的主张，同时在西北牧区大规模推行，使畜牧业生产走上了科学发展的轨道，许多衰败的草地也恢复了水草丰美的勃勃生机。卓有成效的工作，使他被习仲勋、张治中等西北局领导誉为"我们的大学问家"。

自1949年年底，盛彤笙开始在国立兽医学院多次举办防疫人员训练班，培养基层防疫干部，为当时防治和扑灭牛瘟、口蹄疫等烈性传染病发挥了重要作用。1950年，在他的指挥以及各省专业人员和西北畜牧兽医学院的配合下，甘肃河西的牛瘟被扑灭；1951年，在青海对牛群进行大面积的注射牛瘟疫苗，阻止了牛瘟向内地的传入；1951年，在宁夏开展大规模的绵羊、山羊寄生虫防治；多次在甘肃境内开展扑灭猪瘟、口蹄疫、炭疽、猪肺疫等重大战役，到1958年年底，西北地区基本控制或消灭了危害牲畜最严重的烈性传染病。

1954年大区撤销，盛彤笙调任中国科学院西北分院筹备委员会第一副主任委员，主持筹备工作。在他们一班人的共同努力下，5个研究单位和中国

20世纪50年代，盛彤笙在西北军政委员会畜牧部时的工作照

科学院图书馆兰州分馆相继成立,一大批科技人员也从全国各地陆续来到兰州。根据盛彤笙的意见建立的兽医研究室,为中国农业科学院兽医研究所、中兽医研究所的成立奠定了基础。

科学大家　远见卓识

1953年3月,盛彤笙在新疆巩乃斯种羊场冬窝子考察

作为一名科学大家,盛彤笙总能以他那深邃的思想和渴望国家富强、心系百姓疾苦的宽阔胸怀,以非凡的目光和远见卓识,洞察和预见未来,看清历史走向,指明前进目标,对社会产生深远的影响。

新中国一成立,盛彤笙就以一个专家特有的责任感,于1949年10月邀请在兰州的畜牧兽医界人士座谈,提出了10条西北畜牧兽医工作的方针和措施,分别向中央和西北局进言。主要有:在西北人民政府设立畜牧部,西北各省人民政府设立畜牧厅,各县人民政府设立畜牧科;召开全国畜牧兽医业务和教育会议;在西北增设毛纺厂,或令津沪毛纺厂迁来西北;在甘肃增设洗毛厂和洗鬃厂;设置兽医防治网;筹建乳肉罐头工厂及冷藏运输机构;厘定各种畜牧兽医法规等。不久,西北军政委员会设立了畜牧部,西北各省也相继设立了畜牧厅。此后,国家在西北建设了多个毛纺厂、冷库;省、地、县建立了畜牧兽医工作系统。这些前瞻性的建议,几乎都陆续被采纳而变为现实。

盛彤笙为解决六亿人民温饱问题另辟蹊径,于1963年在北京全国农业科学规划会议、全国政协会议上多次发言,提出向畜牧业进军,丰富我们的肉蛋奶等食品,改进我国人民的食物结构,蛋白质的需要趋向于满足,营养水平才会显著提高，人民体质将大为增强，吃饭问题才能从根本上得到解决。并希望重视发展南方山区畜牧业，以促进农业早日过关。可惜这些意见未能被接受，直到1983年，西北广大地区和南方山区开展种草种树、发展畜牧，才被认可。这时，距盛彤笙提出建议已过了整整20年。

1973年在兰州召开了一个全国兽医规划会议，盛彤笙独具慧眼，根据我国生产、生活情况及世界畜牧业发展的趋势，在会上提出了20世纪80年代应重视发展城市畜牧业，在城镇周边建立较大型的奶牛场、养猪场、养鸡场等，特别是发展生长期短、肉质增长速度快的养禽业，增加食物中肉、蛋、奶的比重，改善人民生活，提高身体素质。改革开放后畜牧业的蓬勃发展，特别是以城镇为中心的养殖业的兴起，无一不证明盛彤笙当年的真知灼见。

进入改革开放的新时期，针对我国发展畜牧业问题上存在的思想阻力，盛彤笙以巨大的理论勇气挑战传统的"以粮为纲"的基本国策，公开提出畜牧业产值若达不到农业总产值的50%以上，不可能实现农业现代化。同年，在中国科学院学部大会上，盛彤笙指出，我国发展畜牧业的潜力很大，现在远远没有地尽其利、物尽其用。他反对当时流行的"粮食过了关再发展畜牧业"的说法，力排众议，认为中国人的动物性食品消费量处于世界最低行列，而粮食消费量处于世界最高行列之中，粮食越吃越多，而乳肉越来越少，陷于恶性循环。因此，在树立"大农业"和"大粮食"观点的同时，还应当树立"大畜牧业"的观点，力主加快畜牧业的发展。他的这些前瞻性的战略思想和理论观点在我国农业现代化进程中产生了和继续产生着深远的影响。

情操高洁　为霞晚岁

在"文化大革命"中，盛彤笙多次受到冲击，但坎坷的岁月没有动摇他对祖国、对事业的赤诚，他忍着心中的苦楚，以常人难以想象的意志和顽强的毅力默默奉献，在艰难岁月里留下了坚实的足迹。从1959年起，尽管当时他还顶着"右派"的帽子，连自己的著述都不能署名，但在夫人邹东明的配合下，他开始翻译德文兽医经典名著《家畜特殊病理和治疗学》。在兽医研究所一座潮湿阴暗的土坯小院里，在昏黄的灯光下，常常是盛彤笙口译、邹东明笔录，夜以继日，历经数年，终于将这部卷帙浩繁的大作译成中文，上卷名为《家畜传染病学》，下卷名为《家畜内科学》，这是盛彤笙对我国兽医学的一大贡献。"文化大革命"期间，盛彤笙尽管被关"牛棚"、挨批斗，仍翻译了疑为民主德国贝尔等合著的《家畜的传染病》一书以及上百万字的文献资料，其中一部分在兽医研究所编辑出版的《兽医科技资料》上刊载，为全国的畜牧兽医工作者提供了最新的参考书籍和信息，这在思想禁锢的年代意义非凡。他也因渊博的学识、深厚的文字功底、流畅的文笔为出版家和同行称道。

1979年，盛彤笙调任江苏省农业科学院研究员，恢复了政治名誉，中科院也恢复了他的学部委员职务，并聘他为国务院学位委员会学科评议组成员兼小组召集人。1985年，中共中央组织部还批准他"副省长级待遇"。此时的他虽然体弱多病，但非常珍惜这一宝贵的工作机会，向组织表示"俾能奋其余生，为四化尽其绵力"。1979年，他主持编纂《中国大百科全书·农业卷》兽医学部分。同年，他还主编了《中国畜牧兽医词典》，同时审校了《德汉动物学词汇》。为确保著作质量，他翻阅了大量中外资料求证，逐字逐句地推敲。在审核稿件时，必须找到各个词条的原文，一一仔细订正，有时为一个字、一个词、一个术语，书信讨论往来竟达7次之多。为了科学术语的准确统一，他唯恐打印工人不熟悉外文及拉丁文，就自己刻蜡版，油印后又亲自到邮局投寄，经常步履蹒跚地行走于家中与邮局之间，前后亲手发出300多份信件。一位中科院院士、一位年逾古稀的老人，就这样以自己博大的胸怀、恢宏的气度，将手中的每一件事都做成经典、做到极致。

盛彤笙一生历经磨难，积劳成疾，于1987年5月9日去世，终年76岁。新华社以"著名兽医学家盛彤笙在南京逝世"为题发专电报道。他的人生谢幕了，但他的精神却长留人间。

相关阅读

忆盛彤笙院士在兰州最后八年的一些往事（节选）

张遵道 [①]

盛彤笙离开兰州前最后的八年时光，是在地处兰州市黄河北徐家坪的中国农业科学院兰州兽医研究所度过的。而这个很有名气的科研机构的前身，就是20世纪50年代盛先生任西北行政委员会畜牧兽医副局长时倡导并安排筹建的西北畜牧兽医研究所。1970年，"文化大革命"时期，中国农业科学院遭遇解体之灾，院属京外各研究所一律就地下放，中国农业科学院兰州兽医研究所改名甘肃省兽医研究所，由省革委会农牧局领导。机构调整中，盛彤笙夫妇便随着当时的业务办公室（后改为科研管理处）迁到徐家坪所部上班，仍住在黄河南的小西湖分部，每天搭乘所里的通勤班车，早出晚归，中午在专为他们安排的招待所的一间客房内吃饭、休息。

20世纪70年代初期，"文化大革命"将国内已艰辛建立起来的兽医防疫网络几乎全部摧垮，难以预防和控制多种畜禽烈性传染病的暴发与传入，在我国长江中下游一些省的猪只比较集中的养猪场和商品生猪转运站率先暴发了一种猪的发热性、接触性传染病，其特征和临床表现与猪口蹄疫难以区别，间或也见感染人的报道。此病蔓延很快，一时波及全国25个省、市、自治区，给养猪业带来很大威胁。1972年以前曾将它命名为猪疑似口蹄疫病，但流行病学调查表明，此病仅发生于猪，并不感染牛、羊等偶蹄动物，也无明显的季节性，而且但凡是猪，不同品种、年龄都可感染发病，经实验室检测，发现它与国内当时保存的四型口蹄疫病毒均无血清交叉反应。其实，作为一位著名微生物学家的盛彤笙，从一开始就密切关注与此病有关的各种信息，凭着他的专业敏感，认为

[①] 张遵道，中国农业科学院中兽医研究所及兰州畜牧与兽药研究所原副所长，研究员，《中国兽医科技》主编。

将其定性为口蹄疫病值得商榷。他查阅大量国外文献发现，1966年欧洲的意大利、英国、法国、德国、奥地利等国家，亚洲的日本及我国香港地区都曾发生过类似猪病，而且意大利、英国的兽医科学家作过较详细的研究，初步认定是由一种肠道病毒引发的新的猪传染病。盛彤笙便立刻翻译撰写了《由一种肠道病毒在猪所致的口蹄疫症候群》《香港猪的一种水泡性疾病与口蹄疫的鉴别》《英国猪水泡病流行的初步研究》《猪水泡病毒与B5型柯赛奇病毒的血清学关系》《猪水泡病毒分离物之间的抗原差异以及它们与B5型柯赛奇病毒的关系》《猪水泡病》等多篇文章，见之于《兽医科技资料》。及时送来可以击玉的他山之石，无疑对本所有关科研人员的研究方向和探索思路起到了导误、启发和助推的作用。很快，经兰州兽医研究所科研人员与北京大学生物系专家的协作研究，终于查清了引发此病的并非口蹄疫病毒，而是一种应划入微小核糖病毒科肠道病毒属的一种新病毒，且与属内的人类柯赛奇B5病毒特性十分一致，并成功地从试验猪的粪便中分离出了柯赛奇B5病毒，说明该病毒可在猪体内繁殖。这个结果与盛先生提供的资料和判断非常吻合，此病便被正式定名为猪传染性水泡病。只要元凶找到了，就必然有办法制服它，经科研课题组的反复试验，1975年研制成功了"猪传染性水泡病组织培养弱毒疫苗"，对预防、控制乃至扑灭猪水泡病疫情发挥了重要作用。

1978年3月，全国科学大会在北京人民大会堂隆重召开，宣告中国大地科学春天的到来。兰州兽医研究所的"猪传染性水泡病疫苗研究"等5项重大科研成果荣获全国科学大会奖。这项殊荣多年来一直被人们引以为豪，写入史册。

吴德昌：敢闯「生命禁区」的人

■ 胡迎春 吴志军 叶常青 周平坤 陈虎 韩旺
（中国人民解放军军事医学科学院）

吴德昌（1927—2018），1949年7月毕业于北京大学化学系，1994年当选为中国工程院院士。在从事核能应用与医学防护研究的40多年里，他凭着对党和国家的满腔笃情以及自己的真才实学，和同事首次阐明了核武器落下灰危害的特点，在落下灰危害防护研究方面达到了国际水平；开创了吸入钚危害及防护的研究，在理论上有重要创新，为保障核工业的安全发展做出了贡献；在核事故应急医学处理研究中取得了突出成就，在保证我国核电站按时运行及核安全方面成绩显著，研究成果已装备核电站、核潜艇、二炮部队及核试验等核设施，对我国核工业的发展发挥了重要作用；连续16年担任国际放射防护委员会专家委员，并先后担任国际原子能机构、世界卫生组织专家顾问以及联合国原子能辐射效应科学委员会中国政府副代表，参与国际重要研讨会和重要文件、报告的起草、评审；曾任中国毒理学会理事长、中华放射医学与防护学会主任委员、辐射防护学会副理事长、国务院科技成果评审委员会成员、国家学位评定委员会评议组成员等20多个重要学术职务。

科学没有平坦的大道，只有不畏劳苦沿着陡峭山路攀登，才有希望到达光辉的顶点。我国放射毒理学与辐射防护学的开拓者吴德昌就是这样的人。他多年如一日，像春蚕一样无私奉献，锲而不舍，顽强拼搏，勇闯"生命禁区"，为放射毒理学与辐射防护领域的研究做出了重大贡献。

筹建我国第一个放射毒理实验室

新中国成立前夕，吴德昌以优异成绩从我国著名学府北京大学毕业，经过认真思考和选择，在竞争非常激烈的情况下，他不负重托，考入了协和医学院生物化学系，开始了他的教学和科学研究生涯。

20世纪50年代，根据国际形势的风云变幻，中央决定大力加强核能的研究与应用，为了配合我国原子能事业的发展及相关放射医学与防护工作的建立与开展，吴德昌被派往莫斯科学习有关技术。放射医学对于吴德昌是一个全新的学科，为了新中国建设的需要，他无怨无悔地改变了专业和研究方向。

在莫斯科留学时期，吴德昌克服了语言上的困难，放弃了休息时间，在新领域潜心钻研，基本掌握了辐射医学防护的基础知识。

1957年5月，吴德昌完成学业回到日思夜想的祖国。此时，我军的最高医学研究机构——军事医学科学院正急需人才。抉择再次摆在了吴德昌面前：作为国防科研的一部分，军事医学科学院与尖端武器研究一样，具有高度的保密性。步入这支神秘的特种部队，就意味着隐姓埋名、默默奉献。创造了世界领先技术，却不能对外公开；取得了卓著成绩，却不能发表，为了国家和军队的利益，要主动放弃本该属于自己的荣誉。

吴德昌毫不犹豫地接受了组织的挑选，为了祖国和人民的和平事业，他心甘情愿地做一名默默奉献的和平使者，自觉地把个人的生命湮没在国防科研的伟大事业之中。

1958年5月，一支神秘的部队悄悄进驻北京太平路上一座深宅大院。从此，这里成了壁垒森严的绝密之地，军事医学的精英们将在这里从事防原、防化、防生的"三防"医学研究，为祖国和人民谱写奉献的篇章。

吴德昌就是这个英雄集体里的一员。

吴德昌是我国早期涉足防原医学事业的科学家之一。自从步入军事医学科学院这支特殊的部队，他就一直在思考：要在学习的基础上，开展我国和我军急需的研究课题。经过论证，他决定开展辐射防护和放射毒理的研究。于是，领导郑重地把筹备和组建我国第一个放射卫生毒理实验室的任务交给了他和魏履新。通过他们的不懈努力，终于白手起家，成功组建了我国第一个放射毒理实验室。他们主要研究原子弹爆炸后落下灰对人体的伤害以及防止这些伤害的一系列卫生标准、措施和加速排除等。根据自身特点和战时放射卫生防护的需要，吴德昌选择了"同位素自体内加速排出"这个课题。他带领课题组白天做研究、教书，晚上看文献、备课。为了节省时间，他吃住在实验室，全身心地投入事业中。

放射性物质对人体有害，因此研究工作不能在普通的大楼里进行，需要专门的实验室。吴德昌提出在军事医学科学院内建一个特殊实验室——同位素楼，开展钚的研究。同位素楼从动议到建成，历时 3 年之久。其间，在没有任何参考的情况下，根据工作实践，与有关专家协商，终于在 20 世纪 80 年代建成了一座安全、先进、实用的实验室。在这个专业实验楼里，吴德昌带领一班人，从小动物筛选到大动物验证，从长寿命裂变产物锶和铯到短寿命裂变产物碘等，从整体实验到离体细胞实验，均随着形势的需要和研究的深入，及时进行科学预测与调整，并采用多学科的手段，领导一支科研队伍进行了开创性的、系统深入的放射毒理学研究，包括裂变产物的放化组成及在体内的代谢特点、裂变产物及碘核素的损伤效应、放射性核素中毒后急救和促排措施以及现场卫生防护的要求等课题。

蘑菇云升起的地方

1964 年，在我国进行第一颗原子弹爆炸试验前，党中央命令总后勤部秘密组建"一个特殊支队，开赴西北参加核试验"。按照上级的部署，要以军事医学科学院防原医学研究所为骨干组成一个支队参加，这个特殊的支队就是核试验生物效应队。吴德昌非常清楚去大西北参加核试验将会遇到怎样的困难和危险，但他仍然积极要求参加，被选上后，心里有一种说不出的激动。有幸成为这个战斗集体的一员，他感到无上光荣和自豪。

原子弹凶于常规武器，不仅在于爆炸瞬间的巨大杀伤威力，还在于爆炸后产生 200 多种放射性同位素的沾染。这些沾染和辐射看不见、摸不着，却时刻威胁着人的健康与生命。因此，有人把核爆后的试验场称为"生命禁区"。而吴德昌他们的任务，就是要从这"生命禁区"里拿回核武器对生物杀伤的各类数据和标本，从而掌握其杀伤规律，研究防护措施。

每次核武器爆炸后，吴德昌和课题组的同事都争取在最短时间内进入核武器爆心附近，抢回预先放在那里的试验效应物。当时，核试验指挥部为每位同志配发了一支辐射剂量笔，要求大家根据剂量及时撤离危险区，但吴德昌和大家总是顾不上这些。

为了获得放射性落下灰的扬尘系数规律，吴德昌奔波在核爆下风向放射性沾染区域。为了研究的需要，有时还带着队员在沾染区大步奔跑，让具有放射性的尘土在身边腾起一阵阵烟尘，然后再将烟尘的落下灰收集起来进行研究。

作为防原医学研究工作者，吴德昌清楚地知道放射性沾染对人体危害巨大，更知道离爆心越近放射性沾染就越重，危险性就越大。可是他却义无反顾。由于环境艰苦、工作危险和连续作业，许多战友都曾晕倒在核试验现场。

吴德昌在核现场也发生过一场意外，这次意外几乎把他推到死亡的边缘。

1976 年，吴德昌作为国防科工委聘请的有关"光弹着地"事故处理技术顾问，应邀进行钚的放射医学及防护技术的咨询和培训。在基地后勤部孙联众参谋的陪同下，他先来到前沿指挥所，向基地张蕴钰司令员进行了汇报。然后，他又来到现场医疗队，给大家上了一堂有关钚的防护知识的课。从医疗队出来，他们登上一辆北京吉普。车刚刚开了 5 分钟，坐在后排座位上的孙参谋晕车了，坐在前排副驾驶位置上的吴德昌看到他面色灰黄直想吐的样子，便让司机停车，和孙参谋调换了座位继续行驶。车子行至黄羊大沟，这是一段陡下陡上的沟坡道。就在他们乘坐的北京吉普以高速驶向沟底时，一辆运水的载重卡车从对面冲了下来。驾车的战士心里一慌，先打了一把方向盘，又猛地一个急刹车。强大的惯性力把吴德昌一下子从后排冲撞到车前身，头部撞在驾驶员旁边的一个

参加核试验效应的大队

横杆上，顿时鲜血直流，不省人事……过了许久，才等来了一辆过路车，这时距离受伤已经一个多小时了。

在医疗队采取了各种抢救措施后，昏迷了一个半小时的吴德昌才苏醒过来。经过初步诊断，这次车祸造成了他严重脑震荡、前颅窝骨折和股骨节严重挫伤。脑积液从他的鼻孔里流出，额头正面的头皮被撞得绽开，缝了12针，失血量很大。10天后，吴德昌被送回北京接受治疗。

一年后，我国在大西北进行核试验，并组织各大军区司令员、政委和参谋长等领导到现场进行观摩训练。吴德昌作为这个领导观摩训练班的防原教员，再次出现在基地大礼堂的讲台上。

面对死神，吴德昌坦言："和平时期能够为祖国经受危险的考验，是我们军人的殊荣。一想到这些，我心里就不由得涌起一种庄严的神圣感。正是这种为祖国献身的神圣感，给了我无穷的勇气和力量，并将生死等一切都置之度外。"

正是在一次次地勇闯"生命禁区"中，吴德昌和同事们的研究取得了重大成果：在国内首次阐明了落下灰的沾染规律，并针对落下灰沾染特点，研究提出了具有高效防沾染的措施及阻止吸收和加速排出的药物；编写了有实用价值的《放射性沾染的监测与防护》和《裂变产物放化分析手册》，为我军在核威慑下的卫勤保障及平时核防护提供了极为重要的理论根据和防护措施。这些成果属国内首创，具有国际水平，是获国家科技进步奖特等奖"特种武器损伤的医学防护"的重要组成部分。

面对成绩，吴德昌感言："一个人的力量是渺小的，我们核试验生物效应队所做的工作在整个国防事业中也是微不足道的。然而，作为西部'原子大军'的一分子，作为我国国防机体的一个细胞，能为维护祖国尊严、维护世界和平尽自己一分微薄之力，我们无愧于人生！"

积极开展涉外学术交流

早在1956年，吴德昌就开始了他的涉外学术交流。

1956年，吴德昌被国家卫生部派往苏联做访问学者，学习放射医学专业知识和研究进展；1963年被派往阿尔巴尼亚，培训防原医学骨干；1965年赴罗马尼亚参加社会主义国家军事医学讨论会。后来，由于从事的辐射防护、放射毒理研究是保密性很强的工作，他顾全大局，没有再参加国内外学术活动，没有发表过学术论文，也没有任何社会学术兼职，一项项课题完成了，一个个成果获奖了，一份份科研报告出炉了，但只能锁在保险柜中，他默默无闻地坚守在军事医学研究的岗位上。

1978年我国实行对外开放政策，为放射医学和辐射防护领域的国际学术交流敞开了大门，中国科学家和科技工作者越来越多地走上国际讲坛。吴德昌就是其中之一。他以开创本研究领域的国际学术交流和培养学术人才为己任，以他领导的科研组的成果和他在国内兼职的学术机构的工作成绩为坚实基础，以他不凡的涉外工作才能，广泛地开展国际学术交流。

在涉外学术工作中的成绩是吴德昌的科研成就的重要组成部分，也使他成为国际知名的辐射防护专家。

卓越的科研管理工作

吴德昌作为普通科研人员，曾从现场到实验室，在自己的第一手资料中获得国际创新的成果；作为学术带头人，曾指挥全国9个单位共同协作，出色完成国家"七五"攻关项目；作为院长兼党委书记，曾在人才济济的军事医学科学院指挥若定。更可贵的是，他能三者兼顾、游刃有余。

1958—1994年，吴德昌先后担任军事医学科学院研究室副主任、主任，研究所副所长、所长，副院长、院长等职，并且是科研行政两不误。

1987年，吴德昌被提拔到院里担任副院长，主抓科研和外事工作。1990年6月，在代理3个月院长的职务后，吴德昌正式接到了中央军委的命令，任命他为军事医学科学院院长。担任院长期间，吴德昌在积极推进科技体制改革、努力培养中青年人才、促进中外学术交流和推行现代化科研管理等方面都取得了一定的成就。

在吴德昌任副院长和院长的8年间，军事医学科学院积极稳妥地深化科技体制改革，在坚持以军为主、以科研为主、以自力更生为主的前提下，实现了从单纯军用型向军民结合型转变、从单纯科研型向科研开发型转变、从封闭型向开放型转变，从而走出了一条和平时期军队科研单位发展的新路子。

吴德昌从不以取得的成就自居，从不搞唯我独尊，他以科学是人类的共同事业为己任，把人才培养视为科学发展和事业延续的基础，不遗余力地提携和培养后学，希望年轻人继承事业。爱才育才殚精竭虑，无私地向青年一代传授知识和技能；识才荐才慧眼独具，鼓励学生大胆超越自己，"弯腰为人桥，直腰为人梯"，培养和造就了一大批跨世纪的科技人才。

1994年，任职期满的吴德昌从军事医学科学院院长的职位上退了下来。也是在这一年的12月，他被遴选为中国工程院医药与卫生工程学部首批院士。

渴望超越生命的极限

作为军人，吴德昌实现了许多人孜孜以求的"将军梦"；作为科学家，他披上了中国工程院院士的红绶带；在他的相册里，珍藏着他与江泽民等党和国家领导人的合影及亲笔签名。说他"功成名就"，那没有一点含糊。但是，吴德昌却"不懂"何为满足。

1994年，吴德昌的目光瞄准了"人类基因组计划"，开始致力于研究"电离辐射诱发细胞恶性转化相关基因的克隆与表达"，并将核辐射导致肺癌的机理与危险度估计作为主攻方向。

吴德昌认为：如果通过研究，确定靶基因，测出靶基因受照剂量，找出它发生致癌突变的概率，经复杂的推算就可以得出癌症变化的危险度系数，分析出它在癌变中起到的作用，进而提出相应的阻止癌变或减少癌变的措施。这些都是通过相关基因的克隆与表达来解决。一旦成功了，千百万肺癌患者的生命就有了生还的希望，对国防建设的意义也非同寻常。当然，他也意识到这项课题他这辈子解决不了，但他不肯因此就停止为后人修筑台阶。于是，他又站在了一个新的起点上。

努力地工作换来了相应的回报。吴德昌和他的助手们在基因研究方面打开了一个缺口，找到了 30 个相关基因片段，其中 15 个被世界基因序列数据库登录。通过筛选，找出了一个 3360 碱基对的全长基因，经检索及序列分析，推测出它可能是蛋白激酶类的癌基因。

就在他和同事们潜心研究的时候，他们的研究课题与国家的一项重大计划不期接轨。

1997 年 3 月，国家主席江泽民在《拯救我们国家的民族基因库》的报告上批示："要加强我国重大基础课题的研究"。1999 年 1 月 11 日，来自全国各学科的数十位专家在北京对肿瘤基础研究课题进行战略性讨论。吴德昌宣读了他深思熟虑的"标书"。经过大会充分讨论，吴德昌一举"中标"，获得了恶性肿瘤发生与发展的基础性研究之肺癌选题中的一个课题。

吴德昌，这位在我国乃至世界毒理学及核防护学领域的科学家，在古稀之年，仍以"愿以此身长报国"的高远心志耕耘在茫茫的科学原野上！

相关阅读

我认识的吴德昌院士

魏履新

初次见面

我和吴德昌同志初次见面是在 1956 年 10 月，会面的地点是北京开往莫斯科的火车上，我们是同一组到苏联进修的学员。那时他 29 岁，风华正茂，待人接物都给我留下非常好的印象。当时我们都很兴奋：第一次到国外去学习。

到莫斯科后，我们共同在苏联高级医师进修学院学习放射医学与放射性同位素医用技术。因为老师教得好，译员翻译得好，所以学习效果高。一共学习 4 个月，最后一个月学员独立进行课题实验，吴德昌以"^{14}C 标记的奴拂卡因在大鼠体内分布与排出"的实验结果作为结业报告。

在我们即将回国时，国内又传来新的指示：进修人员中有部分同志留下继续深入学习放射医学或放射卫生。吴德昌同志被送到苏联医学科学院生化、生物物理研究所（所长是著名的放射生物学家列别金斯基教授）进修，课题是"辐射对肝脏损伤的影响"。

1957年5月和6月，我和吴德昌同志相继回国，并且都得到了通知：我们两人都要离开原来的工作单位到军事医学科学院进行科学研究工作。

善于学习的吴德昌

早年的军事医学科学院设在上海，1958年5月迁到北京新建的实验大楼。我和吴德昌同志在军事医学科学院的放射医学研究所工作，所长是吴桓兴教授。吴教授对我俩说："本来已安排你们俩在不同研究室工作，现在考虑你们俩在一起建立一个新的研究室。因为你们俩的职称是助理研究员，所以不能任命为研究室主任。现在你们是研究室负责人。研究室的名称还未定，就叫第四研究室。"我们俩的工作地点在五棵松，而我们的家在北京大学医学院的职工宿舍（家属楼），两地的距离有30多里路。军事医学科学院解决问题的办法是：给我们俩在二所家属楼内各找一间小房住宿，星期六下午下班后我们俩骑自行车回到在北京大学医学院的家，每星期一早晨起大早骑自行车从北京大学医学院到军事医学科学院。这样，我和吴德昌除了增加体育锻炼时间外，还有充分的时间谈话、交换意见。有时候，我们骑着车一块儿唱唱歌也是很有趣的。这种接触使我们增加了了解，建立了友情。

我对吴德昌最深的印象是他乐于学习和善于学习。我当时有一个问题：他不是医学院毕业生，为什么在医学研究和教学上也能取得成功？

吴德昌同志的专业学习是积极主动的，一步一步地接近自己的目的。他1945年考入北京大学化学系，受到了良好的基础教育，1947年选修微量化学分析和生物化学，毕业论文是《微量化学分析》。大学毕业后，他到北京协和医学院生物化学系工作，在系主任窦维廉（美国人）领导下工作了16个月，不但提高了专业水平，而且提高了英语水平。窦维廉走后，他在刘士豪教授和梁植权教授指导下完成了《碱性磷酸酶的微量测定方法》的论文。为了提高医学基础知识,他经常挤出时间去听教授给医学生讲授的医学基础课。这为他以后的科学研究工作打下了良好基础。

关于研究室的研究方向问题

1958年5月,军事医学科学院迁入北京后,所领导就指令我和吴德昌一起筹备组建放射卫生毒理研究室。我们提出的研究方向方案要经过所学术委员会审查。学术委员会中有的教授提出不同意见,他们认为战时核武器损伤主要是外照射引起的,在日本广岛、长崎上空爆炸对人的伤害就是很好的例子,因此研究重点应是对外照射的防护和救治。吴德昌等认为在20世纪50年代人们有这样的想法是很自然的,但不能忽视内照射的危险。为了说明核辐射内照射的危险,吴德昌和研究室同志引证了当时的美国文献:1954年3月美国在太平洋马绍尔群岛中比基尼岛进行氢弹爆炸试验,放射性落下灰使150千米、160千米和480千米之外的三个珊瑚岛居民因放射性落下灰的严重污染而受到内、外照射,特别是放射性碘对儿童甲状腺的照射。论证后,学术委员会同意了研究室提出的方案。

这样,通过学术委员会的讨论,所领导同意了放射卫生毒理研究室的研究方向。之后,吴德昌领导研究室内的同志建立能进行放射性毒理学实验的实验室,并培养他们进行实验研究,包括 ^{90}Sr 进入动物体内后的加速排除、裂变产物的毒理学研究、裂变产物进入体内后的加速排除、消除皮肤的放射性污染的药物和方法、阻止放射性污染进入伤口和消除伤口污染的研究等。

研究室承担的研究任务不仅限于实验,还包括:①调查外国核试验对我国某些地区的污染状况;②编制我国首次核试验时工作人员防护和环境保护的放射卫生标准;③我国首次核试验期间的医学应急工作。

上述工作都得到圆满完成。

执行"改革开放"政策的积极分子

20世纪60年代后期和70年代初期,我的工作有很大的变动,和吴德昌同志失去了联系。我先是在农村参加"四清"运动，后来到银川在总后五七劳动学校接受思想教育并参加劳动，1972年年初回到北京。不久，我离开军事医学科学院到卫生部工业卫生实验所参加新的课题研究。

1979年，我收到了一个通知：国际辐射研究协会（The International Association for Radiation Research）于1979年5月13—19日在日本东京召开第6次国际大会。中国科学院生物物理研究所组织了一个参会代表团，我和吴德昌同志有幸被邀请参加。

会议分三种：全体人员大会、专题讨论会和管理技术研讨会。我们代表团自选参加不同会议。有一次我和吴德昌同志一起参加了一个放射毒理专题讨论会，吴德昌听得很认真，演讲刚一结束他就站起来提问并发表意见。演讲人和会议主持人都很惊异，因为中国听众历来很少在讨论会上发言。

戴立信：化学担当

■ 熊家钰（浙江大学校史研究会）

戴立信（1924— ），有机化学家，中国科学院院士。1924年11月13日出生于北平，1947年毕业于国立浙江大学。1953年进入中科院上海有机化学研究所。曾任生命有机化学国家实验室学术委员会委员，元素有机化学国家实验室学术委员会主任。两次获国家自然科学奖二等奖，2002年获何梁何利基金科学与技术进步奖化学奖。现任上海有机化学研究所研究员，上海有机化学研究所学术委员会和学位委员会顾问，金属有机化学国家实验室学术委员会委员，上海化学化工学会名誉理事长。

自20世纪50年代至今，戴立信为中国有机化学的创新发展殚精竭虑，鞠躬尽瘁。他早年从事金霉素的化学研究和提取，改进的提取工艺曾用于工业生产。他还参与全合成研究，提出用不对称合成方法确定金霉素的绝对构型，推动了研究工作的进展。由于国防任务的需求，全力投入硼氢高能燃料和氟油研究的组织工作。他曾参与全国火箭推进剂研究规划；曾向国家建言硝基胍炸药研制，后列入国家规划；曾参与高空摄影胶片的攻关；曾独立开展硼氢化反应拓展和碳硼烷研究。1984年，他积30年科研和科技管理之经验和悟性，高瞻远瞩于国际化学发展动向，选择了对医药、农药、材料科学和生命科学有重要影响的金属催化不对称合成研究，成为我国在这一新领域的开拓者之一，他取得的一系列科研成果，带动了手性研究在中国的发展，为此，2014年手性中国学术会议授予他终身成就奖。他联合数位院士共同撰写了两份关于绿色能源和聚烯烃工业创新发展建议，表现出超前的科学思维和远见。在唐勇院士等人的努力下，得到了很好的实践。戴立信着手不对称合成等国际前沿科学命题研究，不到十年便确立了他在有机化学领域的科学地位，成为上海有机化学研究所的第十位中科院院士。

戴立信几十年的科研生涯，记载了一位化学家的科学担当和科学忠诚。

成长：幼怀化学梦，浙大得真传

戴立信的青少年时代是在日军侵略的战乱中度过的。1937年9月，他随父母由北平逃难上海，先后入读几所中学，1942年在三育中学毕业。当年在三育中学教化学课的桂老师讲课生动有趣，还穿插着不少有机化学的知识，让戴立信非常着迷。后来他入读沪江大学化学系，与桂老师的化学启蒙颇为相关。

抗战开始后，上海的公办国立大学多已迁往内地，戴立信则考入私立沪江大学。起初，有美国教会背景的沪江大学在租界内尚能保持一点平静。太平洋战争爆发后，沪江大学也不得太平。此时，支撑家庭的戴母审时度势，果断决定让戴立信随表姐由沪去渝。戴立信于1943年4月抵达重庆，并于同年9月进入西迁贵州的浙江大学借读化学系一年级。

浙江大学师生由竺可桢校长率领，于1937年11月11日由杭州西迁，经四次易址，于1940年1月在贵州安定下来。不愿在日本帝国主义刺刀下屈辱求存而行程2600公里的浙江大学西迁壮举，被誉为"文军长征"，鼓舞着全体浙江大学师生和在抗战时期来自国内外43所大学、17个学系394名借读生们抗日救国的民族气节，激励着高昂的教学、科研和学习热情。戴立信入校时期，浙江大学的教学和科研水平居国内乃至国际一流水平。其中有苏步青的微分几何，陈建功的三角函数，王淦昌的中微子研究，束星北的相对论研究，贝时璋的遗传研究，加上竺可桢这位气象学研究大师和卢鹤绂、谈家桢及王琎等化学系名师的声望，获得了"东方剑桥"的美誉。求知欲望十分强烈的戴立信像海绵吸水一样，接受大师们的教诲和科学风范的感染，特别是他的科学人生恩师王葆仁先生在长达两年的有机化学理论教学和实验中的言传身教，为戴立信的成长奠定了坚实基础。

王葆仁是新中国第一代有机化学家，1941年到1951年任浙江大学化学系主任，后参加筹建中科院上海有机化学研究所任副所长至1956年。在上海有机化学研究所期间，他建立了新中国最早的高分子化学组，研制了我国第一块有机玻璃、第一根尼龙纤维等，所以他和戴立信有着浙江大学师生之情和有机化学研究所同事之谊，先后有过六年之久的导师之缘，这是戴立信科学生涯的幸遇。

王葆仁开设的有机化学课在每学期要进行三次不通知的小测验，每次测验均在 80 分以上的学生可免大考。测验的题目很难，戴立信平时学习扎实，是全班少有的大考免试者。他连续三学期的有机化学课程全都免予大考。

在浙江大学四年，戴立信领略了多位化学名师的科学风范。其中有曾任中央研究院化学研究所所长、浙江大学化学系主任、浙江大学代校长和中国化学会发起人王琎在分析化学课中精彩的讲授，中科院原院长卢嘉锡讲授的物理化学课程。

浙江大学外语学科教授、王琎的夫人德梦铁讲授的德语课，常穿插诗歌，使戴立信在进入有机化学研究所后能顺利接触当时很重要的德文文献，因而受益匪浅。在浙江大学的前三年都是在贵州度过的，戴立信与几个从上海来的同学（李政道、顾以健等）租住在校外。每晚，他们围着一张方桌，共用一盏煤油灯，埋首用功，孜孜不倦。李政道当年十分勤奋，也带动了大家的学习积极性。1946 年浙江大学迁回杭州后，戴立信有机会参加了更多的学生运动，接受了革命洗礼，也逐渐坚定了自己的信仰。

戴立信与夫人董竹心

启航：扎根有机化学所，盛世壮志酬

1947 年从浙江大学毕业后，戴立信担任过中学代课教师、工厂的秘书科科长和矿冶劳资科科长等职。1953 年，中央出台了技术归队的政策，戴立信应召到中国科学院报到。于当年 6 月分配到中科院上海有机化学研究所，在庄长恭所长和老一辈科学家的指导下，戴立信以其踏实勤奋、真诚坦率和学识扎实的工作表现，受到大家的欢迎。

汪猷是有机化学研究所最早的一批中科院院士和新中国第一代化学家。戴立信对这位浙江大学的老学长在科研和管理工作中表现的求是精神观察细微。戴立信回忆说:"每天一早,汪先生就像医生查房,到各实验室与研究人员谈话,检查科研进度并对科研工作及下一步设想不断提出问题,直到回答不出才走向下一个人。"如此深入的调研使汪猷对每项课题和每个科研人员的情况了如指掌,同时也促进了科研人员的深入思考。戴立信视汪猷学长为他科学人生的又一位恩师,他将汪猷先生告诫的"一旦功成千锤炼,不经意处百年愁"十四字箴言作为自己科研工作的座右铭。

进入有机化学研究所后,戴立信开始协助庄长恭所长搜集有关高分子研究的文献,如有机玻璃单体的生成机理以及甲基丙烯酸甲酯、尼龙单体的聚合机理等。当时有机化学研究所开拓的两个新领域是高分子和抗生素,庄长恭作为所长,也在不断学习,掌握最新科学知识。他的钻研和求真务实的精神给戴立信以很深刻的教育。之后,他参加了黄耀曾领导的金霉素科研组。黄耀曾对化学的挚爱及工作热情也给戴立信带来了很大的影响,黄耀曾十分重视基础研究,但也不放松实际应用,黄耀曾趣称这二者为"两个口袋",并且在这两个方面都做出了巨大贡献。

戴立信(左)与汪猷(中)、黄耀曾(右)合影

戴立信在浙江大学学习期间，有机化学的成绩虽然很好，但他进入有机化学研究所后就深感知识不够用了。当时上海有机化学研究所学习气氛浓厚，除政治学习外，所领导还组织大家进行业务学习，学习新文献、新概念、新理论。大家在学习中接触到一个新的立体化学概念——构象分析，这是外国专家 Barton 等在 20 世纪 50 年代初开展的新工作。戴立信等人注意到构象概念的重要性，很快把其中最重要的文献翻译出来，于 1957 年出版《有机化学中立体化学的新发展——构象论述选译集》。之后，在黄耀曾领导下，又翻译了纽曼的立体化学经典著作《有机化学中的空间效应》，在 1964 年出版。他们感悟到学习一部书并把它翻译出来是深读的好途径，这也给戴立信在起步阶段打下了良好基础。有机化学研究所科研人员的科研实力很强，学术气氛浓厚，曾有一位年轻人纠正了链霉素构型研究中的一个错误，还有一位年轻人合成了国际上认为很难合成的链糖。戴立信能在有机化学研究所科研启航，有机化学研究所的学术氛围、科研积累和对科学问题及其应用的探索，都激励他迸发出超常的学习和科研热情。

高度：合成不对称，开环环氧醇

1984 年戴立信进入精力充沛的花甲科学壮年。他以一位成熟的科学家的敏锐目光，瞻瞩国际科坛发展的风云变幻，迅速捕捉到金属有机化学的发展前景，果敢地选择了金属催化的不对称合成作为科研课题，把科研水平提升到相应的高度。

不对称合成又称手性合成。手性是自然界本质属性之一，在生命活动中发挥着重要作用。具有典型意义的是一种手性药物的不同异构体，它具有截然不同的药理作用，这就要求手性药物合成中尽可能保证高纯度、单一的手性异构体。以不对称合成为基础的手性技术自 20 世纪 80 年代开始，便成为国际化学界竞争激烈的重要科研热点。戴立信和黄量院士共同主持的"手性药物的化学与生物学研究"被国家自然科学基金委员会确定为"九五"重大项目，其研究成果开创了化学领域的新局面。之后，戴立信开展环氧醇开环反应研究，以及用于氯霉素和三脱氧氨基己糖全部家族成员的不对称合成，铑催化的芳基乙烯的不对称硼氢化反应等多项新合成方法的研究；立体选择性地合成官能团化的小环化合物和含平面手性配体的合成及应用研究。戴立信率领他的科研团队在不到10年的时间内取得不对称合成领域的多项重要成果，在国际化学界产生了广泛影响。法国学者 H. Bloch 和 Metzner、英国 V. K. Aggarwal 教授多次在国际化学期刊介绍戴立信的成就，评价他们发现的合成方法的重要贡献、他们发展的多项选择性反应已被国际化学界重要的工具书选用，其中有 March 的高等有机化学教科书以及《有机合成大全》《有机官能团转化大全》《金属有机化学大全》和《杂环化学大全》等。戴立信被邀请在国际纯粹与应用化学联合会（IUPAC）系列会议做了5次特邀报告。

戴立信的科学成就奠定了他在国内外的科学地位。他和钱长涛共同担任第19届国际金属有机化学学术会议主席，和唐勇共同担任第7届国际杂原子会议主席，均获成功。1993年秋，戴立信当选为中科院院士，时年69岁。"六十岁学吹打（戴之趣语），七十岁成院士"，这在中国科学院院士成长史中尚不多见。

传奇：桃李满天下，人在性情中

戴立信坦诚低调，待人和蔼可亲，他一生奉行求实治学和豁达做人的原则。他在当选中国科学院院士后说："我能成为有机化学研究所第十名院士，有几个重要的机遇。一是1984年汪猷先生让我回实验室从事金属有机、有机合成研究，当时正值我国由总设计师主政而带来的科学春天，是科研环境非常好的时代；二是国家建立了研究生制度，我有幸和一批有才华而又非常勤奋的年轻人（戴立信的学生们）一起做科研，他们给了我很大的支持和帮助；三是我能在1953年技术归队，进入学术氛围浓厚的上海有机化学研究所。老一辈科学家在20世纪三四十年代从当时的化学研究中心欧洲带回来好传统，50年代从美国带回来新知识和科学思维，都给我很多教益；老、中、青科研人员的团队合作，鼓励我在科学道路上成长。"从他高度概括而又朴实的讲话中可以感受到，他对有机化学研究所、前辈科学家和团队的感恩之情溢于言表。

除在科研方面赶超先进外，戴立信把满腔热情倾注于对研究生的培养。他指导的 38 名博士生、3 名硕士生都已成为科研骨干和学术带头人。他喜爱并常引用《礼记·中庸》中的"博学之，审问之，慎思之，明辨之，笃行之"，认为这是治学全过程的极好描述。他也喜欢李政道所说的"学问学问就是要学会去问"、爱因斯坦的"提出问题，比解决问题更重要"的科学名言。多年来，他一直鼓励研究生在听完学术报告后积极提问，这样才能认真听、深入想。

戴立信性格开朗，豁达大度。经历政治运动中的逆境、生理的病患和亲人的离别，他都能在较短的时间内平复，坚强地着眼未来。他是一位融多年党龄的共产党员的党性、科学家的科学性和中国传统知识分子的人性为一体的性情中人。

已是高龄的戴立信，依然在有机化学研究所上班，参加科学讨论会，还审校了一部《大蒜的化学》，这都是基于他对化学科学的热爱。他一生追求"做好的有机化学"和追求绿色化学的信念，矢志不移。

2007 年浙江大学校庆时几个当年老同学的合影（左起：顾以健、李政道、任知恕、戴立信、张友尚）

2012 年，戴立信在 Scripps 研究所与 Barry Sharpless、余金权教授进行学术交流

> 相关阅读

用化学语言描述生命现象

——中科院院士戴立信教授谈有机化学与生命科学的结合 [①]

"有机合成是表现有机化学家非凡创造力的一种工作。人们在了解、认识自然的过程中，阐明了很多天然产物的化学结构，有机合成化学家则在实验室内用人工的方法来复制、来合成这种自然界的产物，用以证明它的结构，这种证明往往是最直接、最严格，也是最后的证明。合成化学家的目的不仅于此，还可以根据人们的需要来改造这种结构或是创造出全新的结构。这样，经过世代合成工作者的努力，成百万的新化合物在实验室里逐一出现。据 CA 登录号，现在化合物的数字已超过了 1000 万个（现在的统计已超过 1200 万），其中绝大部分是有机化合物。这样众多化合物的出现，带来了很多生物、物理和化学特性的信息，为人类繁复的大千世界中增添了很多色彩和内容。因之，将有机合成称为"改造物质世界的有机合成"也是非常恰当的。美国的有机化学家 Woodward 则说："有机化学家在老的自然界旁边又建立起一个新的自然界"。

以上这段话摘自中科院院士、有机合成化学家戴立信教授与另一位专家主编的《有机合成化学进展》一书的导论部分，读者或许可以从中感悟出一些科学的美感。为了一探主要由有机化学家构建的"新的自然界"的奇观胜景，日前，我前往中科院上海有机化学所采访了该所的有机合成化学家，同时也是本刊编委的戴教授。

戴教授甫从北京开完第七次院士大会回沪，院士会议期间，戴先生在化学部全体会议上作了题为"从几项工作看有机化学和生命科学的结合"的报告，这显然是一个十分诱人的课题的话题，对戴教授的访谈即

[①] 江世亮. 用化学语言描述生命现象——中科院院士戴立信教授谈有机化学与生命科学的结合[J]. 世界科学，1994（9）：38-40.

由此展开。

关于有机化学和生命科学结合的学术背景，戴教授阐释说，从有机化学的当前发展来看，过去的传统工作是从天然产物中分析成分，然后定结构、分离、分析活性，进而再合成。近些年来，由于物理方法的发展，现在定结构的工作已经很快，有机合成的发展也很快。这方面最有名的例子是 Woodward 的维生素 B12 的合成以及最近海葵毒素的合成。海葵毒素的分子量非常大，结构极为复杂，现在通过立体合成的方法已将其合成出来，从这个意义上来说，大家认为，原则上已经没有什么可以难倒合成化学家的。任何一种合理结构，你画得出来，别人就有办法将其合成出来，在烧杯、试管中将其试制出来。又如一种很有效的抗癌药——紫杉醇（Taxol）的结构也非常复杂。今年 2 月，美国有 2 个小组用不同方法已合成成功。这些例子表明，任何复杂的天然产物，只要有需要，人类最终就可以合成，同时还能加以改造。有机合成化学家不但要合成自然界既有的产物，还可以合成结构有变化的东西，以获得更高的活性。

本世纪 80 年代末开始，有机化学有一个把重心向功能方向转移的趋势，重视分子功能预示着有机化学与生命科学的发展中将有一个新的高涨时期。

为了论证这一转折的重要性，戴教授列举了托德（Todd）和唐有祺先生对此的见解。托德（1957 年诺贝尔化学奖得主）是一个非常注意生物学问题的英国有机化学家。他认为天然产物领域中，结构和功能总是息息相关的。但过去有机化学家对结构的兴趣太大，对功能的兴趣太小。他认为是到了该将这两者很好结合起来的时候了。

我国著名的化学家唐有祺教授在最近中国科学报上的一篇文章《化学学科中的继往开来》中也力主化学家加强功能意识。唐先生认为，对一个化合物不仅要弄清其结构，还要弄清其作用、活性及怎样发挥这一作用。重视功能，重视功能作用，在介入生命科学问题中，化学家应该更多地用化学的语言来描述生命现象、过程。

话题已经进入有机化学如何与生命科学结合的正题，戴教授这样表述说，尽管有机化学发展得这么快，但面对一个非常复杂、非常奥妙的生物界，又总是面临着许多新课题。如在执行遗传功能的人的精子中，其 DNA 的总长度为 1 米，分布在 23 个染色体中，每个染色体又有很多基因，每个基因又有很多碱基对。一个精子在执行其遗传使命时，要进行细胞分裂，要把这些碱基对作完美无缺的拷贝、转录、传递。精子的这种拷贝只允许有十亿分之一的差错。在这么一个复杂的生命体中要完成这么快的过程显然是极复杂的。

然而，化学家面对如此奥妙的生命过程并未望而却步。化学家选择了一些较易下手的地方进行工作，其中有机化学与免疫学的结合是一个成功的例子。这方面国外已做了很多工作。美国的《化学研究评述》杂志在 1993 年 8 月号上出了"化学与免疫学"专辑，专门讨论这一问题。

戴教授说着，拿出几天前他在院士大会上作报告的讲稿和投影片，边让我看，边作介绍说，"我个人认为这方面的一个最出色的工作是去年 10 月在 Science 上发表的一篇工作《用合成配体来控制信号传递》。"免疫系统是非常复杂的多细胞系统，是生物体内执行保护自身的一种精确的过程。当外来物一进入，免疫系统首先是进行分子识别、区别敌我，识别后再透过细胞膜传递进去，一直到细胞核中。细胞核再发回一个命令，使 T 细胞紧急动员起来，大量增殖，有针对性地消灭敌人，这就是免疫的作用。以上那篇文章试图用人工配体来控制信号传递，即试图用化学原理来说清楚免疫系统中的复杂过程的一部分。

有关引起各国科学家很大关注的上述那篇文章的作者的背景，戴教授专门向我作了介绍。作者之一是世界著名的化学家 Woodward 的关门弟子、哈佛大学教授 S.Schreiber，他是一位地道的有机化学家；另一位是斯坦福大学的 Crabtree，这是一位在免疫学方面造诣很深的生物学家。Schreiber 等人首先对一种免疫抑制剂 FK506 作了系统而深入的研究。他们发现它与另外一种免疫抑制剂有一部分结构很相似，并推断这 2 种免疫抑制剂都作用一共同受体。在大量工作的基础上，他们分离出了 FKBP（FK506 的结合蛋白），同时还研究了 FK506 与 FKBP 结合的复合物的结构。他们进一步发现，这种复合物还要同 Calcineurin 结合在一起，才能起到免疫抑制作用。Calcineurin 是免疫系统中执行信息传递功能的一种物质。

这么一来，他们就弄清了 FK506 应有两个结合部位：一是和 FKBP 的结合，一是 Calcineurin。他们发现若将分子的某一部分封锁，然后将两分子的 FK506 相连，会形成 FK1012。他们进而发现 FK1012 能将两个受体连在一起。讲到这里，戴教授强调说，这点很重要，因为在生物学研究中发现，这些受体的簇集和二聚作用往往是其产生活性的动力源，簇集起来才有活性。于是，他们想到用基因工程的方法将 FKBP 引入到细胞膜内，引入 3 个 FKBP 后可以有更多的结合机会，引入 1 个只有二聚作用。在细胞体外加入 FK1012，马上产生了活性，信号就传递下去，执行免疫作用；反之，若再加入 FK506 就产生免疫抑制作用。

讲到上述工作的意义，戴教授说，FK1012 是人类第一次采用细胞外物质（合成配体）来控制信号的传递，利用合成受体来实行基因的开关作用。这一工作表明，极其复杂的免疫问题的一个方面已被科学家较深入地解决了。当然，免疫系统本身是非常复杂的，但上述工作多少也说明，从局部下手，人还是能逐步弄清复杂的免疫机制的。

事后，Schreiber 认为，他们的这一工作乃是化学家与生物学家共同合作的结果，是 50 对 50 的工作。单靠生物学家或单靠化学家，都难以成功。去年的诺贝尔生理和医学奖得主夏普评论说："这是一个非常了不起的工作。这项工作孕育着很多事物，同时在医学方面有很大的潜在应用可能。这项工作是用化学原理研究复杂的细胞生物学问题的一个非常聪明的例子。"

稍理思绪，戴教授又向我介绍了催化性抗体的工作，这也是他认为的化学与生物学结合的范例。

催化性抗体是 1986 年出现的，这是一种有酶样活性的抗体。具体说，就是将经过特殊设计合成的有机分子作为半抗原，在动物体内诱发抗体的产生，经过细胞杂交技术培养单克隆抗体。这种抗体具有酶的特性，能催化某些特殊的化学反应。

1948 年，鲍林曾经说过一句很精辟的话，这句话对日后催化性抗体的产生起到了奠基性作用：自然界中的酶是与一个底物的反应过渡态相结合的（如钥匙与锁），而抗体是与一个底物的基态相结合。鲍林认为，如果能有一个与过渡态相结合的抗体，那么这个抗体也能有催化作用。

过了 20 年后，60 年代末又有人提出，如果能设计出与过渡态结构相似的抗原，利用这一抗原培养出的抗体就能催化化学反应。但以上这些精辟的论断、了不起的思想火花在当时并未成为现实，只是到了 80 年代中期后，随着基因工程、单克隆抗体技术的发展才成为可能。1986 年，两位美国科学家独立完成了催化性抗体的工作。很多人都预计这一工作在科学上以致在工业上都将起到十分重要的作用。

此次采访后我得知，戴教授本人的主要研究工作和方向并非是此刻他同我畅谈的生物有机化学，然而，作为一个有很深学术造诣的有机合成化学家，戴教授十分清楚有机化学今后的发展方向。最近，他参加了国家自然科学基金委的《有机化学学科发展战略研究》的编写工作，他对有机化学与生命科学的结合给予了较多关心，这多少也表征了一位资深化学家对有机化学未来发展的敏感性。

戴教授就催化性抗体工作又向我作了较详细的介绍。有机反应过渡态既然是过渡态，那它是很不稳定的。化学家设计了一种反应过渡态的类似物，而又要是稳定存在的。如在羧酸酯的水解反应中，物理有机化学家对该反应的四面体过渡态已有相当的了解，因此他们用了有稳定的四面体结构的脱酸酯作为半抗原的过渡态类似物，再连上一些蛋白质，然后打入小白鼠体内，产生抗体后，再利用基因工程方法在细菌体内繁殖、生长，得到数量较多的单克隆抗体。这种抗体对于上述反应确实具有催化效果，与无催化剂的化学反应相比为 10^{3-4} 倍以上。虽然其催化效率与酶相比尚有差距，但它的选择性、专一性往往比酶强。

其后又报道了能催化很多反应的抗体的研究结果。值得一提的有双烯加成反应。因为在自然界中尚无一种酶能催化这一反应。自然界、生物体内均没有这种酶。双烯加成反应中有一个过渡态，人们正是利用了这一过渡态设计出一种抗原，并由之生产出一种抗体，这种抗体确实也有催化效果。催化性抗体不但具有酶一般的高催化活性、高立体专一选择性，而且可以按照人们的意愿来催化一个特定的反应。这种反应有时是酶所不能催化的，有时甚至是化学原理也不易进行的反应，因此，催化性抗体的研究自然受到科学界的特别关注。

在回答我有关催化性抗体研究目前有何直接经济效益的提问时，戴教授坦言相告：这类反应目前并未直接产生经济上的效益，但大家都坚信，在药物合成以及其他许多有机合成里利用其特有的专一性，催化性抗体肯定具有宽广的应用前景。催化性抗体的研究是有机化学和生物学结合的又一硕果。

以上记录了中科院院士、有机化学家戴立信教授对目前国际上有机化学界的一些新方向、新思路的介绍。至于戴教授本人近年的一些出色工作以及他最近关注的一项课题——不对称合成（或称为手性技术），我想一定也是很诱人的，盼日后能有机会向读者介绍。

肖培根：根植华夏　绿药觅踪

■ 汤国星（北京协和医学音像电子出版社）

肖培根（1932— ），出生于上海。我国药用植物和中药资源研究的主要奠基人和学术带头人，国际著名药用植物与传统药物学家，中国工程院院士。1949年考入厦门大学生物系，1953年春提前毕业分配到中央卫生研究院药物学系（中国医学科学院药物研究所前身）。历任中央卫生研究院药物学系药用植物室主任，中国医学科学院药用植物研究所首任所长，世界卫生组织传统医学咨询团顾问，联合国工业发展组织临时顾问，世界卫生组织传统医学合作中心主任等职。现任药用植物研究所名誉所长，中草药物质基础与资源利用教育部重点实验室学术委员会主任委员。

肖培根开创了我国中药资源系统调查整理的先河，是我国民族医药的重要开拓者，被誉为"中草药活字典"；他著作等身，主持编写了《中药志》《新编中药志》《中国本草图录》《当代药用植物典》等影响深远的大型中药学著作；他创立的包括植物、化学、疗效和计算机技术等多学科渗透的新学科——药用植物亲缘学，对国产资源替代进口到中药资源的开发、利用、保护都具有重大意义。

他26岁挑起全国第一次中药普查的大梁，第一次摸清了"家底"；他作为新中国最早的"传统医药大使"，从西非四国开始走向世界各地，将中医药文化带到五洲四海；他为打破西方的封锁，在国产资源替代进口的探索中创立了崭新的学科——药用植物亲缘学。

摸清全国中药资源的"家底"

1932年2月2日，肖培根出生于上海市一个高级知识分子家庭。父亲肖贺昌早年留学德国，回国后曾任大学教授、政府高级职员。母亲张英志曾就读于浙江大学,当过小学教师和会计。肖培根的童年和少年,正值日军侵华、民族危亡之际。父亲因不肯为伪政权做事而失业,但是不论生活如何拮据,父母左支右绌,没有让一个孩子辍学,兄妹五人皆大学毕业。

1953年春,肖培根提前半年修满学分,以优异成绩从厦门大学毕业。奉卫生部调令,从厦门大学赶到北京。当时全国虽然人才匮乏,但中央卫生研究院却汇集了许多国内一流的专家,如药物学系的赵橘黄、姜达衢、傅丰永、叶三多、周梦白等。那时,药物学系只有肖培根是刚刚分配来的大学生。谦逊好学、阳光俊朗的肖培根得到了专家们倾囊相授般的真诚传授,也获得了承担重任、独挑大梁的机会。临床必备的麦角制剂是用于治疗产后子宫出血、产后子宫复旧不全等症的进口药,可是西方国家对新中国实行封锁,药品紧缺。于是寻找药源的使命就落在年仅21岁的肖培根头上。他奔赴河北省张北、沽源县,寻觅野生麦角资源。野外调查异常艰苦,常常是雇一辆马车拉着人和铺盖行李跋山涉水,风餐露宿。艰辛换来了丰硕的回报。他在荒野中找到了寄生在拂子茅上的野生麦角,含量非常高,

1954年,肖培根(左二)在河北张北地区进行野外采集

为国产麦角新碱的研发铺平了道路，中国终于有了物美价廉的妇产科救命药。1954年，《药学通报》上发表了肖培根学术生涯的第一篇论文《河北沽源县药用植物的调查》。

1958年，卫生部将全国第一次中药普查的任务下达给医科院药物研究所药用植物研究室。作为室主任，历史重担落在了26岁的肖培根肩上。尽管他的团队有38人，但都是比他更年轻的大学生，没有专家教授。

全国第一次中药普查意义重大。国人吃了上千年的中药，但"家底"却无人知晓。作为国家战略资源说不清楚当然不行，可是要完成"情况摸清楚，全面总结和提高"的任务绝非易事。"那时候，可以用四个字概括：一无所有。图书馆的文献，就连哪些是常用的中药这个资料都没有，那个时候都是零。"但是肖培根颇有大将风度，胸有成竹，指挥若定：第一，聘请楼之岑、诚静容等专家做普查工作的兼职指导老师；第二，确定以中药材的"常用度"（所谓"常用度"，就是重点抓500~600种常用中药，抓住了这个大头，就等于抓住了全国70%~80%的中药资源）为普查的主要范围，指明任务方向；第三，学中干，干中学，边干边学，上"实践大学"。此番韬略，即使今天评价依然可圈可点。

肖培根根据每个人的特长，把植物室的年轻人派到全国各地"常用度"高的产区，他自己则带头选择了资源相对比较多、工作量大的东北地区。缺少中文资料，就把仅有的几本日本早期出版的图谱随身背着，转战东北长白山、大小兴安岭等地。

60年前的大学生可比今天的博士生稀少，凤毛麟角。但是肖培根从来都是以学生的姿态向经验丰富的药农、中药师傅虚心求教。一个来自"中央单位、肩负国家任务"的大学生干部，他的虚心与诚意打动了每一位药农和中药师傅，他们纷纷把自己"压箱底"的绝技倾囊相授，这让肖培根学到了许多书本上没有、实践中行之有效的"绝活"。

1959年，全国第一次中药资源普查圆满结束，肖培根向国家交出了合格的答卷：对我国常用中药资源的地域分布、品质优劣、大致产量、存在的问题、解决的建议等均有准确翔实的表述。这是中国近代中药资源最具权威价值的普查报告，其准确可靠的数据成为新中国中药资源宏观管理的科学依据。作为我国大规模中药资源普查的帅才，肖培根迄今已经领导或指导了全国第一至第四次中药普查，为中药资源的管理保护和利用做出了历史性的贡献。

当全国第一次中药普查进入尾声之际，全国掀起了向国庆十周年献礼的热潮。在全所讨论如何"献礼"的会上，肖培根大胆地提出：利用中药普查的成果资料，编写新中国第一部《中药志》。与中药普查一样，依然是国家级的"第一部"，没有书让他们参考借鉴。

《中药志》采用了肖培根他们自己设计的体例，包括从全国的应用看，哪些属于常用中药、次常用中药，哪些是很少用的中药。目标是集中整理研究全国的常用中药，同时还要介绍它的本草历史。古代什么时候开始用的，应用的沿革怎样，它的原植物有多少，它的药材形状、组织、外形，有宏观的，也有微观的。化学成分明确的还要介绍化学成分及它的传统疗效，最后还有一个附注，讨论相关问题。这样一种设计体例，都是以他们自己的实验工作为基础完成的。比如把采集的原植物一种种地加以整理、鉴定，每一种药材都要做成切片，描述它的显微组织特征，都是通过自己的研究得来的一手资料。1962年，4大本、100多万字的《中药志》全部出版了。不但受到国内药学界的高度重视，而且赢得了国际药学界的赞誉。

20年后，肖培根组织全国专家修订出版了《中药志》第二版；40年后，古稀之年的肖培根像重新梳妆打扮自己的女儿一样，于2002年完成了第三版《新编中药志》。40余年，三个版本，滋润着几代中医药人才的茁壮成长，体现出肖培根等老一代科学家严谨治学、精益求精、有始有终的大师风范。

1965年，肖培根在西藏调查藏医藏药

国家的"中药大使"

1963年3月,肖培根作为专家被派往加纳、几内亚、马里和摩洛哥四国考察访问。这一年,肖培根31岁,第一次出国,与其同行的是业界知名的蔡希陶和陈封怀教授。那时出国的人很少,《人民日报》还作为重要消息刊登发表。

这次出访受到了我驻在国大使馆热情的接待。第一站是加纳。到达阿克拉后,黄华大使不仅亲自接待,还介绍了当地有名的医生安朴福与他们进行业务交流,使代表团很快就进入了角色。显然黄华大使做了很好的功课,这让肖培根非常感动,难以忘怀。

初访上述四国,代表团除了在非洲考察当地的植物资源和药用植物资源,还为我国南方的植物园采集了很多重要的药用和经济植物种子,如古柯、毒毛旋花子、萝芙木、猪油果、牛油果、奇异果等,大约有200种。这批珍贵种子在中国医学科学院药物研究所的海南、云南试验站以及云南热带植物园等地引种成功,在南方各地落地生根,造福了亿万中国人民。

由于殖民主义的统治,非洲草药受到很大摧残。比如在访问埃及时,开罗只有一家比较大的草药店买卖草药,且兼给人看病。因为在英国统治时期,草医、草药是不合法的。在阿尔及利亚考察前,其卫生部部长专门接见并求助:我们现在的草医只剩下几个人了,而且年龄70多岁了。一旦这几位草医去世,我们国家草医的传统经验就要失传了。因此,请中国专家来是抢救他们国家草药的传统文化。其间,肖培根还曾肩负过两次"特殊使命"。

1974年,肖培根被派到埃及考察草药,同行有他的同事傅丰永教授。当时我国驻埃及大使是著名的外交家柴泽民。他亲自接待并为考察团做了周密的安排,使考察任务得以顺利完成。回国前夕,柴大使说:"你们代表团暂时不要回国了,在埃及待命,还有更重要的工作让你们去做。"

几天后,"特殊使命"下达——帮助坦桑尼亚整理研究该国的草药。一路上,肖培根备感压力。因为事前没有做一点准备,而考察后的报告是必须交的。"我

1974年，肖培根与傅丰永教授在坦桑尼亚考察

就把当初在东北调查时采集标本的精神和干劲拿出来了，把坦桑尼亚有关草药的资料进行了一次突击式的阅读和整理。很快就掌握了坦桑尼亚大致有些什么草药，接着就和当地的科学工作者分赴各地考察。"

考察团深入坦桑尼亚穷乡僻壤乃至撒哈拉沙漠边缘。那里温度高得鸡蛋放在外面很快就能晒熟。在这样的环境下，考察团与当地的陪同人员详查每种草药的功效，还访问了许多草医，收获颇丰。考察团提交的报告被世界卫生组织分发到各成员国，被列为南南合作的典范。考察团回抵北京时，他们的使馆参赞亲自到机场迎接。

第二次"特殊使命"是在1992年3月。当时中叙达成协议，由中国援建一个生产本地草药的小型制药厂，叙利亚军方希望用本国的草药资源解决部队一部分药品的自给。肖培根是这项"特殊使命"的不二人选。除了他对北非、中东地区草药资源非常熟悉，他在"五七"干校时期就已经是药厂制剂车间优秀的主任了。

"到大马士革后，接待我们的全是穿军装的叙利亚军方人员。考察任务由于叙方的有力配合，很快就出色地完成了。根据部队中的常见病和多发病，我们选择了10来种产量很大的地方草药，用'袋泡茶'的剂型来生产。"

叙方和我国大使馆对其工作十分满意。总统阿萨德特意指派他的儿子（现任的巴沙尔·阿萨德总统）接见了他们，还特别给予代表团一个十分特殊的礼遇——去戈兰高地实地参观。

1979年，肖培根作为新中国第一个技术官员，被派到日内瓦世界卫生组织总部工作，负责世界药用植物名录编制等工作。1980年，他又被任命为世界卫生组织顾问，每年都去日内瓦世界卫生组织总部工作一段时间，主要是了解和整理全世界的药用植物资料。

肖培根在日内瓦世界卫生组织总部工作时，按规定可以住四星级宾馆，也可以每天往返乘出租车。那时我国驻外人员实行的类似"供给制"，支出凭发票可以实报实销。但他估算在宾馆睡一个晚上就要花掉他在国内的数月工资。于是他吃住都在使馆，处处节约，节省了四万多美元，全部上交给了国家。

1978年，肖培根参加世界卫生组织的学术讨论会

■ 药用植物亲缘学的诞生

药用植物亲缘学是肖培根历经 50 余年创建、发展并日趋成熟的新学科。提起往事，他语重心长地说："这个讲起来可以用四个字总结——感触良多，还有一句话叫'任务带动学科'。这是我们现在不太讲的一句话，可是在我们那个时代，'任务带动学科'是经常讲的。那时新中国刚刚成立，西方国家对中国实行了物资禁运，凡是包含进口药代用品的一概不准向中国出口。怎么办呢？那时我们刚刚大学毕业，国家交给我们的第一个任务就是寻找能够替代进口药的国产资源。一个最简便的办法就是寻找和进口药最接近的，成功的可能性就比较大了。"

经过肖培根等年轻人奔赴全国各地、风餐露宿、不舍昼夜的努力，很快就找到了替代利血平的萝芙木，随后阿拉伯胶、安息香、胡黄连等也找到了代用品。

20 世纪 50 年代初，全国第一次疾病防治大会上发出了"让高血压低头，让肿瘤让路"的豪迈誓言，中国医学科学院药物研究所正是利用萝芙木冲破国外的封锁，研发出物美价廉、令几代国人难忘的降压灵。阿拉伯胶是一种安全无害的增稠剂，能在空气中自然凝固，曾是食品工业中用途最广、用量最大的水溶胶。胡黄连为玄参科多年生草本植物，与黄连名称相似，同为治湿热泻痢的良药。但胡黄连善退虚热、除疳热，而黄连则善清心火、泻胃火。安息香主治开窍清神，行气活血，止痛。民间常用的苏合香丸、至宝丹等都离不开安息香。这些原产于阿拉伯、印度、印度尼西亚等地的常用药材，短短数年就被这批可敬可爱的青年才俊们在祖国广袤的大地上寻觅到取之不尽的替代植物，打破了西方国家的封锁，解决了全国人民的需求。

"半路出家"，既是肖培根的自谦之词，又是他思路开放、善于他山之石可以攻玉的写照。视野开阔、博采众家、触类旁通的特性还使他成为最早将计算机引入中草药研究的药用植物专家，并且成功地在中国第一代计算机上展开了亲缘学的研发。

"在长期的药用植物研究中，我发现在某一个植物类群中，它们的植物形态、化学成分和疗效之间存在一定的相关性。这种相关性如果再通过计算机和数学模式加以整理发掘，就能够寻找出很多规律性的东西来。所以，在以后的研究中我逐步把重点从放在一个植物上，转移到放在一群相类似的、有共性的植物上。我做过的类群有人参类、大黄类、乌头类、贝母类等20多个。通过类群的研究就能够发现其中的规律，再用数学模式和计算机做聚类分析。当时使用的还是国产第一代计算机（国产6912型），因此各个传统疗效数据的输入还必须采用打孔的方式。"

1978年，《药学通报》终于复刊了。在第1期第1至第5页上，发表了肖培根的重要论文《植物亲缘关系、化学成分和疗效间的联系性》。能够在复刊的首期首页上发表论文，只因四个字：分量质量。当然，它标志着孕育20多年的新学科诞生了。

药用植物亲缘学是通过实践找规律，并且是经过实践检验的应用性非常强的新学科。肖培根在这篇论文中论述的五个方面，如今已历经了近半个世纪的实践检验：①扩大药用植物资源方面的应用；②在寻找进口药的国产资源方面的应用；③对中草药的质量控制、鉴别和扩大药源的应用；④帮助预测中草药中的化学成分或有效成分以及协助成分的鉴定或结构测定的应用；⑤在整理总结中草药的经验和指导新药寻找方面的应用。

2005年，由肖培根挂帅的"中国重要药用植物类群亲缘学研究"重要课题通过专家评审和国家自然科学基金委员会的批准，并在2010年年初国家自然科学基金委员会组织的重点项目验收中获得好评。这个项目的圆满结束，标志着"药用植物亲缘学"作为一门新兴综合学科，具备了比较完善的学科体系。2015年，是药用植物亲缘学跨越发展之年——从形态分析转入分子遗传学研究阶段。7月，肖培根与郝大程、顾晓杰的合著 *Medicinal plants*：*chemistry*，*biology and omics* 由英国著名的伍德海德出版社出版；9月，肖培根与郝大程合著的《药用亲缘学论纲——知识谱系、知识论和范式转换》发表在《中国中药》杂志上，阐述了药用植物亲缘学在现阶段更需要与"组学"结合，应用现代分子生物学的成果探讨"亲缘－成分－疗效"间存在的规律性。

> 相关阅读

我们的学术相识

路安民（中国科学院植物研究所）

我认识肖培根先生是在20世纪60年代初。1962年我大学毕业分配到中国科学院植物研究所，那时他到植物研究所进修，研究毛茛科（Ranunculaceae），发表了一个新属——人字果属（*Dichocarpum*）。他有时到我导师的办公室，向著名植物分类学家匡可任教授请教及讨论一些分类学问题，他虚心好学、强烈的求知欲给我留下了深刻的印象。

我们在学术上的"相识"是在20世纪70年代，我编著《中国植物志》茄科时，发现青海（久治、玛心、玉树、祁连）和西藏（宁静—竹卡）采集的茄参属5号标本；植株高6~10厘米，茎极短缩，不分枝，叶集生于茎顶端；花萼及花冠呈钟状，花冠5浅裂，黄色。明显不同于已有记载的茄参 *M. caulescens*，据此我发表了一个新种青海茄参 *M. chinghaiensis*。西藏的标本就是由肖培根、夏光成（1212号）两位先生于1961年6月19日在宁静—竹卡、海拔4000米的向阳草地上采集的。该属植物有粗壮的肉质根，富含茛菪烷类生物碱，是重要的药用植物。还有就是我拜读了肖培根和夏光成、何丽一1973年在《植物学报》上发表的《几种主要茛菪烷类生物碱在中国茄科植物中的存在》，这篇文章对当时我国药用植物资源的开发利用研究起了引导和示范作用。文章涉及茛菪烷类生物碱在天仙子族的分布，我于1982年8月出席美国圣路易斯召开的第二届国际茄科大会，在大会报告中引用了这篇文章，得到了非常好的反响。该文至今仍是研究茄科植物化学成分的重要参考文献。

20世纪70年代末，我基本完成了《中国植物志》的编著任务，研究兴趣转移到被子植物的系统发育和进化研究。1978年在《植物分类学报》发表的《对于被子植物进化问题的述评》中，我提出了系统进化研究的时空观的学术思想。同年，肖先生在《药学通报》发表了《植物亲缘关系、化学成分和疗效间的联系性》；1980年在《植物分类学报》发表了《中国毛茛科植物群的亲缘关系、化学成分和疗效间相关性的初步探索》等文章。反映出我们俩似乎在学术思想上存在着一种不谋而合、彼此默契的心灵沟通。后一篇文章肖先生等采用综合性研究方法，首先对世界上毛茛科六个分类系统作了介绍、根据国产毛茛科植物的化学成分进行系统分析、对该科药用植物的民间疗效作了整理，其可贵之处在于还结合植物形态学提出涉及植物系统学的一些学术观点。例如依据芍药属不含毛茛科所具有的特征性成分毛茛苷和木兰花碱，却富含特有的芍药苷和没食子酰鞣质等，赞成将芍药属独立成科；芍药科（Paeoniaceae）可归属于第伦桃目；对毛茛科内某些族间或属间的亲缘关系提出新见解。他的文章强调"植物亲缘关系的研究可以为化学成分和疗效的研究提供线索；反之，化学成分和疗效方面的研究和整理结果也可以为植物系统安排提供参考根据。""研究植物亲缘关系、化学成分和疗效间的联系是相辅相成的，可以起到相互促进和补充的作用"。这些文章反映了肖先生在20世纪70年代"药用植物亲缘学"学术思想的形成。

20世纪80年代初，中国医学科学院药用植物资源开发研究所成立，肖先生任研究所所长。我于1986年后任植物研究所副所长、所长多年。这为我们之间的学术思想直接沟通提供了良好机会。我们聘请他为中国科学院系统与进化植物学开放研究实验室学术委员会学术委员，也为两所间的合作提供了条件。90年代初，我们会同其他十多位著名植物学家完成国家自然科学基金委员会的"植物科学发展战略"研究课题，我任研究组组长，肖先生为植物资源学学科的主要撰稿人，于1993年出版了《植物科学》一书。90年代后期，我们俩逐渐摆脱行政工作，有较多的时间从事植物系统发育的研究。肖先生作为我国药用植物学界的学术带头人，活跃于植物药研究的国际舞台，国内外兼职很多，出版了多部重要专著，成果甚丰。我们还经常讨论植物系统学中的问题，他正式提出"药用植物亲缘学"这一新的学科，我们一起确定学科英文名为Pharmacophylogeny（形容词为Pharmacophylogenitic）以及该学科的科内涵、研究思路和研究方法。

经过我们多次认真讨论，由肖先生挂帅2005年正式向国家自然科学基金委员会提出"中国重要药用植物类群亲缘学研究"重点项目的申请，得到评审专家通过和基金委员会的批准。我的研究组承担子课题"重要药用植物类群亲缘学的形态学（广义）和分子系统学证据"，在肖先生的领导下取得了重要的研究成果，发表了许多有较高水平的研究论文：如2006年《植物分类学报》发表的《广义小檗科植物药用亲缘学的研究》；2008年发表的《五味子科药用植物亲缘学初探》；2009年在 PPEES 发表的《毛茛目的系统发育和分类：根据4个基因和形态学证据》（英文）；等等。近几年肖先生指导的多名博士研究生都是沿用了"药用植物亲缘学"的学术思想和研究方法，并有所创新和发展。在2010年年初国家自然科学基金委员会组织的重点项目验收中得到好评。通过这个研究项目的完成，"药用植物亲缘学"作为一门新兴综合学科，有了比较完善的学科体系。这是肖培根先生对学科建设的创新做出的重要贡献。相信这一学科随着不断实践及理论上的逐步深化，将会在指导药用植物开发利用的研究中结出硕果。

戴松恩：在祖国大地上焕发智慧光彩

■ 刘 旭（中国农业科学院作物科学研究所）

戴松恩（1907—1987），江苏常熟人。细胞遗传学家。1931年毕业于金陵大学农学院。1936年获康奈尔大学博士学位。1955年当选为中国科学院学部委员（院士）。曾任中国农业科学院作物育种栽培研究所研究员、副所长，中国农业科学院副秘书长、研究生院副院长，国务院学位委员会委员，中国农学会常务理事，1951—1961年历届北京市人大代表，第三届全国人大代表，第五、第六届全国政协委员等职。早期从事小麦育种、细胞遗传和抗赤霉病研究，参与选育中国第一批小麦优良品种（金大2905等）以及玉米、烟草、油菜育种等研究。1978年开始，在我国率先主持开展小麦非整倍体研究，为作物遗传育种研究的纵深发展奠定了基础。

戴松恩曾说："个人的得失实在是微不足道，只有心中装下祖国、民族的利益，个人有限的才华、智慧才能焕发出灿烂的光彩。"

师从沈宗瀚，立志献身作物遗传育种研究

戴松恩1907年1月6日出生于江苏省常熟市唐市镇（今沙家浜镇）一个贫苦的家庭。戴松恩家中没有田地，父亲在唐市镇倪新泰米行作推销员，但收入微薄，不足以供养全家人的生活。年幼的戴松恩陪着母亲去集市上摆摊挣钱养家。1913年，6岁的戴松恩经亲友推荐，免费进入唐市镇上的教会小学——东唐市初级小学就读。戴松恩非常珍惜这难得的读书机会，勤奋学习。1917年6月，戴松恩以第一名的成绩从东唐市初级小学毕业。9月，戴松恩升入东唐市高等小学继续学习。戴松恩的父亲由于常年在外奔波，积劳成疾，于1917年冬天不幸离世，这对一家人的生活无异于雪上加霜。然而，这并没有让戴松恩放弃学业，而是更加强化了他刻苦学习、掌握本领以养家的意志。据戴松恩回忆："当时我觉得我

的母亲太苦了,我应当用功读书,将来好负起家庭的负担,尤其是父亲病故,更加强了我这种养家的思想。"

1920 年 6 月,戴松恩又以全校第一名的成绩从东唐市高等小学毕业,考入苏州晏成中学(今苏州市第三中学),并得到校方免费就读的奖励。戴松恩幼年曾目睹百姓患病难以得到救治的惨状,又亲身经历父亲因病早逝带来的苦痛,这使他从小萌发了学医济世的想法。为了以后能学医,戴松恩进入晏城中学后选读了理科。

1924 年 6 月,戴松恩从苏州晏城中学毕业。由于成绩优秀,7 月,戴松恩被学校领导分配到苏州教会所办的"新民社",担任交际干事。1925 年夏,戴松恩在"新民社"工作一年后,觉得这种社会活动工作不适合自己,想辞职去学医。但是,他打听到进入医科大学很难,不仅学费高昂,基本没有免费进医科大学学习的机会,还需要学 8 年时间。正在戴松恩为难之际,他看到南京金陵大学农业专修科在报纸上的招生简章,专修科一年就能毕业。这对于当时希望通过读书来改变家庭生活条件的戴松恩来说,无疑是一个难得的机会。在友人的资助下,戴松恩凭借优异的中学成绩,于 1925 年免试进入南京金陵大学农业专修科。从此,他与农业科学结下了不解之缘。

1926 年夏,戴松恩以第一名的成绩从金陵大学农业专修科毕业,并留在金陵大学农学院农艺系担任沈宗瀚教授的助理。沈宗瀚是著名农学家、作物遗传育种学家。1926 年 3 月开始,沈宗瀚便在金陵大学农学院任教,主讲遗传学、作物育种学,主持小麦、高粱、水稻等作物育种研究。戴松恩协助沈宗瀚开展小麦、水稻遗传育种的田间试验,并负责处理英文信件和报告。在沈宗瀚的指导下,戴松恩一边工作一边自学遗传学理论,逐渐发觉小麦遗传规律很有意义。他认识到"医学能治病救人,农业能解决人们吃饭穿衣的问题,同样是服务人生的重大需求",便对

1929 年的戴松恩

作物遗传育种产生了浓厚兴趣，立志成为作物遗传育种专家。从此，戴松恩下定决心更加努力地学习和工作，希望进入金陵大学农学院深入学习作物遗传育种的专业知识。他坚持自学的勤奋和对作物遗传育种工作的热情感动了金陵大学的老师们。1928年夏，经老师推荐，戴松恩破格带薪进入金陵大学农学院农艺系作物遗传育种专业大学二年级学习。课余时间，他继续参与沈宗瀚教授主持的小麦遗传育种研究。戴松恩非常珍惜这难得的机会，放弃休息时间，全力以赴地学习和工作。

1931年6月，戴松恩再次以第一名的成绩从金陵大学毕业，取得农学学士，荣获当时学校最高的"金钥匙奖"，并被选为"斐他斐"（Phi Tau Phi）荣誉学会会员。7月，戴松恩被留在金陵大学担任农学院助教，继续协助沈宗瀚开展小麦育种试验工作。经过三年的半工半读，戴松恩不但系统地学习了作物遗传育种的理论知识，而且在沈宗瀚教授的指导下开展了一系列小麦遗传育种的试验，参与"金大2905"等中国最早一批小麦优良品种的选育和推广工作，完成了从事小麦育种的初步科研训练。这为他此后开展作物遗传育种研究工作奠定了坚实的基础。

赴康奈尔大学深造，树立"科学救国"理想

早在1922年，通过金陵大学农林科芮思娄（J.H.Reisner）的努力，金陵大学与纽约洛氏基金世界教育会、康奈尔大学成立了中国作物改良合作项目，由纽约洛氏基金世界教育会提供经费、金陵大学提供试验设备与场地，每年康奈尔大学派遣一名作物育种学教授到金陵大学主持作物改良工作。1925年4月，康奈尔大学派遣洛夫（H.H.Love）教授赴金陵大学。他出发前向正在康奈尔大学攻读博士的沈宗瀚详细了解中国作物生产情况，并约定以后让沈宗瀚回金陵大学主持作物改良工作。从1925年4月到1927年3月，康奈尔大学先后派遣作物育种专家洛夫、玛雅思（C.H.Myers）、魏根（R.G.Wiggans）教授（均为沈宗瀚在康奈尔大学攻读博士期间的老师）到金陵大学农学院任教并主持作物改良研究。戴松恩在金陵大学农学院担任沈宗瀚助理和学习期间，还协助洛夫、玛雅思、魏根教授处理英文信件和英文讲稿。通过和美国作物育种专家的交流，戴松恩感到在作物遗

传育种上还有许多新知识需要学习，希望能去美国深造。

1933年夏，国立清华大学第一次从理、工、农、医等30多个专业中公开招考公费留美研究生，每个专业仅录取一名。戴松恩得到消息，喜出望外，马上报考了作物遗传育种专业，并从100多名考生中脱颖而出，以第一名的成绩获得宝贵的公费留美机会。1934年1月，戴松恩从上海搭乘"威尔逊总统号"邮轮赴美国，进入康奈尔大学研究生院，跟随作物育种专家洛夫教授攻读作物育种和细胞遗传学。

戴松恩非常珍惜在康奈尔大学深造的机会，全身心地投入学习。他曾回忆："我在美国的三年时间，全部精力贯注在细胞学、遗传学、植物病理学等学科的学习上，不跳舞，不打桥牌，很少看电影。"康奈尔大学的图书馆、实验室和试验地里都留下了戴松恩专心攻读和辛勤耕耘的身影。在洛夫教授的指导下，他对来自中、俄、美三国的五个普通小麦开展杂交实验，对杂交后小麦的叶片、叶鞘、秆毛、小穗、外芒、内芒等性状进行研究，探究引起各种性状形态变化的遗传因子，阐明了小麦单性状遗传和性状间连锁遗传的规律，并以英文发表了《中俄美小麦品种杂交之遗传研究》的博士论文（现存于康奈尔大学）。这种规模的小麦遗传研究在当时国内农学界尚属首次。1936年冬，戴松恩获得康奈尔大学博士学位，并凭借出色的成绩被选为Sigma Xi荣誉学会会员，再得"金钥匙奖"。

为了借鉴当时美国各地农作物育种的先进经验，从1936年夏到1937年春，戴松恩还参观访问了美国21个产谷州的农学院和农事试验场，并重点关注了美国作物育种的试验区排列、杂交育种方法、抗病虫害试验、抗旱育种、小麦品质研究、细胞遗传研究等方面。回国后，戴松恩撰写的文章《美国产谷州参观记》发表在《农报》上，详细论述了他在这次考察中的见闻，为当时我国农学界开展作物遗传育种研究提供了有益的参考。

在美留学的经历，让戴松恩深刻地体会到国家贫弱而遭受强国凌辱的痛苦，深感"我有责任把贫穷落后的祖国振兴起来"，树立了"科学救国"的理想。戴松恩获得博士学位后，美国导师主动请他留在美国工作，并承诺将他的妻儿都接到美国。然而"为了建设祖国的作物遗传育种事业"，戴松恩毅然拒绝了导师的再三挽留。他坚定地认为"搞农业离不开土地，只有在祖国的土地上，我那点知识才能更好地为家乡父老、为更多人服务"。1937年2月，戴松恩踏上了回国的旅程。

抗日战争期间，坚持开展作物遗传育种

1937年2月，戴松恩受聘到南京中央农业实验所全国稻麦改进所担任技正，负责小麦抗病育种和细胞遗传学研究。然而，戴松恩的研究工作刚刚开始，日军侵略的炮声就在卢沟桥响起。国难当头，戴松恩不得不中断研究计划。战乱中，他辗转江苏北部、南京、芜湖、柳州、贵阳、荣昌、北碚等地，在极其困难的条件下，以保障战时粮食为重点，开展了小麦增产、烟草、玉米、油菜等育种研究和推广工作。

1937年8月，戴松恩被派往江苏北部推动小麦增产工作。他在苏北各县推广改良作物品种，并以贷款和贷种的方式督促各县县长积极展开工作。11月中旬，戴松恩因病回到南京。当时南京即将沦陷，戴松恩只能抛弃多年积累的资料和书籍，搭乘最后一班火车去芜湖，辗转多地，于1938年2月到达位于贵州省贵阳市的中央农业实验所工作站。在极端困难的条件下，开展了烟草、油菜、玉米等品种改良工作。他对贵阳农业生产条件进行了深入考察，发现贵阳地区适宜发展烟草种植。于是，戴松恩、冯福生等人利用从贵定、龙里、福泉、平坝、清镇、开阳、黄平、遵义、金沙、之穗等25个县采集的65个当地土烟品种，以及从山东烟叶试验场、广西柳州和贺县等地征集的20个国外烤烟品种进行了品种比较试验。1940年，戴松恩选育出了来自美国弗吉尼亚的烤烟品种"佛州黄金叶"（Virginia Bright Leaf，又名"佛光"），该品种不仅产量高，而且色香味俱佳，适宜在贵州引种推广。戴松恩首先在贵阳地区推广种植了"佛州黄金叶"，还示范推广了烟草育苗、移栽、管理、采收和烤烟技术。"佛州黄金叶"后被贵州烟草公司采用，在贵阳地区获得大规模推广，改变了当地不大规模种植烟草的历史。戴松恩的烟草研究和推广工作为贵阳地区烟草种植业和烤烟业的发展做出了开创性的贡献。在油菜育种上，戴松恩培育出"罗甸一号"改良品种，在1940年和1941年的《农报》上分别发表了《菜子人工自交影响研究之初步报告》和《菜子育种方法之我见》两篇论文。在玉米育种研究中，戴松恩对当时大量引进美国玉米杂交种的问题进行了引种试验研究，指出美国双杂交玉米品种并不比当地品种

好。在1939年的《农报》上发表《美国杂交玉米在我国的利用问题》，提出直接引种美国双杂交玉米品种并不能解决玉米增产问题，只有利用它们的自交系与中国玉米材料杂交，才能获得适用于中国的高产玉米品种。他还对玉米杂交品种推广的问题进行论述，在1941年的《农报》发表《抗建期中玉米杂交种之推广问题》。

戴松恩还对当时我国长江下游地区严重流行的小麦赤霉病进行了研究，他收集了多个小麦品种，开展了连续四年的抗病性鉴定试验。1940年在《农报》发表了《小麦赤霉病抗病性研究》，指出在严格接种条件下中国小麦品种中具有抗赤霉病的材料，并筛选出"云南牟定火麦"等高抗赤霉病品种，证明了选育小麦抗赤霉病品种的可能性，反驳了当时某些国外专家认为不能进行小麦抗赤霉病育种的观点。

1940年7月，戴松恩随中央农业实验所贵阳工作站迁移到四川荣昌。1940年10月，受同学之邀，戴松恩进入四川金堂的铭贤农工专科学校担任教授兼垦殖系主任。1942年4月，戴松恩应湖北省建设厅之邀到湖北恩施农业改进所担任所长，负责粮食增产工作。他以小麦和玉米增产为主，同时鼓励通过开垦荒地扩大鄂西粮食生产面积。1940—1942年，粮食生产面积从288993亩（1亩约等于666.7平方米）增长到749672亩。此外，戴松恩大量利用农贷办理良种、肥料、农具、耕牛等来提高粮食产量。戴松恩还注意发展鄂西的桐油、棉花等经济作物的生产。在湖北的三年中，戴松恩在人、财、物短缺的条件下，带领湖北农业改进所的人员坚持开展水稻、小麦等作物改良与栽培试验、病虫害防治和药物研制、林木采集育苗与木材研究、兽疫血清制造等工作，不遗余力地推动湖北农业的发展。在他即将离开之际，还在思索湖北农业发展的未来，1944年3月，他在《新湖北日报》发表了《湖北农业改进之过去与将来》和《告别湖北友人》，提出抗战胜利后，健全湖北基层农政机构、在湖北应分区域开展农业技术改良研究、湖北西部发展林业和畜牧业、注意鄂西的水土保持等建议。戴松恩对湖北农业生产做出的贡献受到当地人民的称赞。1944年3月28日，《新湖北日报》刊登了《送戴松恩博士》一文，充分肯定了他为湖北农业发展所做出的贡献。

1944年4月，戴松恩因痛恨会计的腐败而从湖北农业改进所辞职。他原计划赴新疆迪化工作，后因飞机停航，新疆政局发生变化而放弃。6月，戴松恩回到重庆北碚中央农业实验所任技正兼麦作杂粮系主任，负责小麦改良和推广工作，其间开展了"中农 483"的示范以及"中农 28"的推广工作。

1945 年 9 月 3 日，抗战中西迁的教育科研机构开始逐步迁回原地。1946 年 6 月 25 日—7 月 13 日，戴松恩带领中央农业实验所全体员工及家属 200 余人乘坐木驳船由重庆驶往南京，途中虽然经历两次大危险，但都有惊无险，最终平安抵达南京。1947 年 2 月 28 日，戴松恩被派往北平担任中央农业实验所北平农事试验场场长，主持小麦、玉米、小米、甘薯、蔬菜、洋麻等作物品种改良、示范及推广工作。

1948 年 12 月，解放战争平津战役打响。戴松恩收到国民党政府要求将北平农事试验场"全部人员、设备及财产运往南京，决不能落入共产党之手"的命令。在重大抉择面前，戴松恩拒绝执行国民党政府的命令，留在北平，保护北平农事试验场的人员、财产、仪器设备和档案资料，为新中国成立后迅速恢复新中国农业科学事业做好准备。

兢兢业业三十年，为新中国农业科研献身

1949 年 1 月 22 日，北平和平解放。戴松恩急切地要求投身到新中国农业科学事业建设中去，当即会同城内北平农事试验场的工作人员向负责接管北平农林水系统的陈凤桐处长和工作组同志请示复员事宜。2 月 21 日，戴松恩在北京参加了由军事管制委员会召集举行的第一次工作计划报告会议。戴松恩在会议上提出北平农业试验场当年将侧重农作物的防寒、防旱试验和良种推广等工作。1949 年 5 月 1 日，华北农业科学研究所成立，戴松恩被任命为副所长，主管科研组织和管理工作。1949 年 10 月 1 日，中华人民共和国成立，百废待兴，农业科学研究工作亟待恢复和发展。戴松恩克服困难，兼顾科研和管理，迅速投入恢复和发展新中国农业科学研究和农业生产的工作中。

1951 年和 1954 年，戴松恩先后当选为北京市第三届各界人民会议代表、北京市第一届人民代表大会代表。他积极为新中国农业科学事业建言献策，在《农业科学通讯》先后发表《纪念五一作物育种工作者应有的认识》《二年来华北农业科学的进展》《我对于提高单位面积产量运动的认识》《新中国五年来农业科学

的主要成就》等文章，为新中国农业科学研究的恢复和发展做出了贡献。1955年6月，戴松恩当选为中国科学院生物学地学学部委员。

1956年4月，戴松恩参加我国十二年科学技术远景发展规划（1956—1967）会议，并主持农业科技规划说明书的全部定稿工作。在规划会议上作了《关于发展我国农业和畜牧业问题》的报告，提出了有益的建议。5月26日，戴松恩受邀参加了周恩来总理在中南海怀仁堂举行的十二年科技发展远景规划招待酒会。其间，周恩来总理见到戴松恩，希望他搞好小麦研究工作，嘱咐他"希望你多抓小麦研究工作，让人人都能吃到面粉"。戴松恩感受到总理对农业科研的重视，他曾写道"在内心里感到无比温暖，又感到非常激动。当时我想一定要努力工作，把自己的一切贡献给社会主义建设，才不辜负总理对我的关怀和鞭策"。6月14日，戴松恩与参加国家十二年科学技术远景发展规划（1956—1967）会议的科学家一起受到毛泽东、周恩来、朱德、陈云、林伯渠、邓小平、聂荣臻等国家领导人的接见。这更加激发了戴松恩为新中国农业发展献身的热情。

1957年3月1日，中国农业科学院成立。戴松恩被任命为作物育种栽培研究所副所长，被聘为中国农业科学院学术委员会委员、中国农业科学院农学组副组长。11月，戴松恩随同以郭沫若为团长的"中国访苏科学技术代表团"赴苏联进行为期两个多月的考察访问。访苏期间，他就实施国家十二年科学技术远景发展规划与中苏合作项目等有关农业方面的重大问题与苏联学者进行了广泛交流。1958年3月，戴松恩从苏联访问回国后，在《农业学报》发表了《关于农学及园艺等方面的访苏传达报告》，对"提高农作物单位面积产量"和"荒地开发问题"等提出了建议，对指导当时我国农业发展及农业科学研究具有十分重要的意义。1960年12月，戴松恩被任命为中国农业科学院副秘书长，当选为第四届北京市人民代表大会代表。他继续为我国农业科学研究建言，先后在《中国农业科学》《红旗》《人民日报》上发表《试论我国作物育种工作的发展问题》《充分发挥作物良种的增产作用》《试论作物栽培的科学实验问题》等文章。

"文化大革命"期间，戴松恩被下放到"五七"干校，但他依然坚持业务学习，做了大量读书笔记。1974年，戴松恩开始小麦非整倍体研究，成为我国率先开展这一研究的科学家。1980年1月，戴松恩在《农业科技通讯》发表了《为什么研究小麦非整倍体》。文章中介绍了小麦非整倍体的研究内容及取得的成果，认为小麦非整倍体研究可以更快地、系统地弄清小麦各种性状的遗传规律及染色体和近缘植物中染色体的部分同源关系，从而更有计划地选育出各种优良的小麦新品种。2月，他翻译出版了《普通小麦的非整倍体》。3月8—12日，戴松恩在北京主持召开了"全国小麦非整倍体研究第一次座谈会"，提出了全国分工协作开展小麦非整倍体研究的设想。此后，戴松恩带领助手和研究生，不顾体弱多病，坚持参加实验室和田间研究。他首次提出，鉴于ph基因突变具有促进部分同源染色体配对的特性，可以直接将其用于品种间杂交，创造出更多优良变异。他还设法从美国引进相关小麦材料，在他的助手和研究生的共同努力下，获得许多小麦优良变异类型，为细胞遗传学研究和小麦育种工作奠定了基础。他们的研究证实了ph基因在小麦品种间杂交利用的可行性，提出的研究思路和学术观点对当时及此后我国小麦遗传育种领域的研究产生了重要影响。

经历"文化大革命"的磨难后，戴松恩依然积极地为我国农业科学事业的发展倾注心血。1978年，戴松恩率先向政协提交《关于迅速制定〈种子法〉的建议》，针对当时我国品种和良种繁育存在的问题，借鉴国外经验，提出迅速制定符合我国情况的《种子法》，恢复和健全良种审定、繁育推广等制度，重点建设

1980年，戴松恩在中国农业科学院进行小麦杂交

一些良种仓库和良种轧花厂等建议。1981年8月，他在《人民日报》发表《围湖造田、后果严重》，分析了造成我国湖泊面积日益缩小的原因，并提出了重视湖泊在生态平衡中的重要性、成立全国水利资源委员会等有益的建议。对于"文化大革命"后科研人才缺乏的问题，戴松恩积极倡导成立中国农业科学院研究生院，并为研究生院的创办付出了大部分精力。1980年，他被任命为中国农业科学院研究生院副院长。在任职期间，戴松恩积极探索提高研究生培养水平、招收在职研究生、筹备中国农业科学院英语培训班等工作，为我国农业科研培养了一批具有英语交流和科研能力的人才。

戴松恩出生和成长在旧社会，工作在新中国。他亲历现代中国社会的变革，深刻体会到新旧社会的差距。在长期的工作中深入认识到没有共产党就没有新中国，只有社会主义才能救中国。他积极追求进步、系统学习了马克思列宁主义毛泽东思想，逐步树立了共产主义世界观。从1956年到1982年，戴松恩先后三次向党组织提交了入党申请书，终于在1982年75岁高龄时实现了多年的愿望，成为一名光荣的中国共产党党员。为了表彰他在作物遗传育种研究上所取得的成绩和对我国农业科学所做出的贡献，1983年中国农学会向他颁发了"从事农业科研50周年表彰奖"，1985年中国科学院授予他"从事科学工作50年荣誉奖"。

1987年7月31日，戴松恩因病不幸逝世于北京。戴松恩热爱祖国、热爱党、热爱社会主义，为人正直诚恳、谦虚谨慎、襟怀坦荡、光明磊落。在科学研究上，他坚持实践出真知、实事求是、刻苦勤奋、坚持不懈，在作物育种和细胞遗传学上成果斐然。在培养学生上，他不顾体弱多病，和学生一起开展田间实验，以身作则、诲人不倦，有的学生

1983年10月，戴松恩（左一）在指导研究生刘旭

已经成长为院士，为我国农业科学研究培养了人才。在科研管理工作中，他严以律己、宽以待人，严谨奉公、不谋私利，为我国农业科学事业做出了突出贡献。戴松恩院士为我国农业科学鞠躬尽瘁、锐意进取，是我们青年农业科学工作者学习的榜样。

相关阅读

回忆戴松恩先生对我们工作的鼓励与引导

李振声（中国科学院院士）

1951年7月，中国科学院遗传选种实验馆成立。同年8月，我被分配到该馆工作。1952年9月，实验馆改名为中国科学院遗传栽培研究室，室主任为冯兆林教授，他决定与华北农业科学研究所全面合作，搬迁到华北农业科学研究所。当时戴松恩先生是华北农业科学研究所的副所长，因此，我与他相识，但在业务工作上与他没有直接的联系。1956年，我调入陕西杨凌中国科学院西北农业生物研究所工作，开始小麦远缘杂交研究。

1961年12月，中国作物学会成立大会暨第一届作物育种学术讨论会在长沙召开，在会上我作了《小麦－偃麦草杂种夭亡与不育问题的探讨——小麦与偃麦草杂交的研究（二）》学术报告，被时任《作物学报》主编的戴松恩先生选中，于1962年2月在《作物学报》第一卷第一期发表。这篇文章能在《作物学报》创刊号的第二篇位置发表是对我们小麦远缘杂交研究的肯定和鼓励，调动了课题组同志的工作积极性。

1978年起，戴松恩先生主持"小麦非整倍体研究"课题，翻译了E. R. Sear著的《小麦非整倍体》，在正式发表前，我有幸获得了油印本，读后深受启发。因为这时，我和课题组同志已从事小麦与偃麦草远缘杂交研究20多年，虽然育成了小偃4号、5号、6号，但感到耗时太长，正在寻求缩短小麦远缘杂交育种时间的新途径。于是引进了"中国春单体系统"（21份），经过两年的实践，发现繁殖与保纯过程中，后代单株染色体计数工作量过大，难于直接应用与育种。不过，在掌握其基本原理与技术后，利用来自偃麦草的胚乳糊粉层的蓝色色素基因作为遗传标记，我们产生了建立新的"蓝粒单体小麦系统"的设想。经过若干年的努力，不仅获得了蓝粒单体小麦系统，还获得了自花结实的缺体小麦系统，并建立了缺体回交育种法，解决了缩短远缘杂交育种时间的问题。回顾上述过程，是戴先生的译文对我们后续研究起到了重要引导作用。我们非常感激他。

顾方舟：一生只为一件事

■ 徐　源（北京协和医院）

顾方舟（1926—2019），浙江宁波人，病毒学家、教授。1950年毕业于北京大学医学院医学系，1955年于苏联医学科学院病毒学研究所研究生毕业，获医学副博士学位。中国科协常委，中国生物医学工程学会名誉理事长，中国免疫学会名誉理事长。顾方舟研究脊髓灰质炎的预防及控制42年，是我国组织培养口服活疫苗的开拓者之一。1958年，他在我国首次分离出脊髓灰质炎病毒，为免疫方案的制订提供了科学依据。20世纪60年代初，他研制成功液体和糖丸两种活疫苗，使数十万儿童免于致残，同时提出采用活疫苗技术消灭脊髓灰质炎的建议及适合于我国地域条件的免疫方案和免疫策略。

童年：埋下学医的种子

1926年，顾方舟出生在宁波。他的童年生活颇为不幸。父亲顾国光在他4岁时不幸去世。为了养家糊口，顾方舟的母亲周瑶琴辞去教师职业，只身赴杭州学习刚刚兴起的现代助产技术，留下年幼的顾方舟交由外婆照顾。

母亲不在身边的日子是孤独、痛苦的。有一次，学校要排演一场话剧，顾方舟非常兴奋地举手报名。但是那么多角色中，老师偏偏让顾方舟演乞丐。同学们都笑话他没有爸爸，笑话他家里穷，就应该演乞丐……为了不让外婆伤心，懂事的他只好装作很喜欢演乞丐的样子，还让外婆把哥哥的旧袍子改成乞丐装。

1934年，周瑶琴于杭州广济助产职业学校毕业，带着顾方舟北上天津，在英租界挂牌开业，成为职业助产士。租界里的日子很艰难。地痞滋事、流氓敲诈，警察还借保护之名行勒索之实。一次警察来勒索，恰巧被顾方舟看见。警察走后，看着顾方舟恐惧和愤怒的目光，周瑶琴叹了口气，摸着他的头说："儿子，你要好好读书，要争气。长大了，你要当医生。当了医生，我们就不用求别人了，都是别人求你救治。"

在那个年代，哪有职业能真的扬眉吐气！但在十多岁的顾方舟听来，"不用求别人"这句话有很大的吸引力。以后可以不用求人，不用在乎别人的脸色，想到这里就欣喜不禁。他的心中，悄悄种下了一颗从医的种子：我要争气，我要听妈妈的话，当医生！

家国间架起的桥梁：我要做公共卫生

1937年7月29日，日本开始攻打天津，一时间尸骸纵横，满眼皆是残垣断壁，数十万百姓无家可归，天津沦为一座人间地狱。顾方舟一家在英租界里，这里是汹涌大海中的一片孤岛，享受着孤独的和平，品尝着亡国奴的滋味。

顾方舟的初中就读于昌黎汇文中学，不在英租界内。每天，顾方舟都要拿着通行证出租界去上学，放学后再拿着通行证进租界。除了以前的课程外，顾方舟和同学们还要被迫学习日语。

1944年，顾方舟以优异的成绩考取了北京大学医学院医学系。在这里，他遇到了严镜清先生。严镜清早年赴美留学，归国后是享有盛誉的公共卫生专家。当时中国的公共卫生事业刚刚起步，国人对公共卫生很陌生：厕所沿街沿河而建，粪便尿溺时常满溢；河水拥有饮用、洗衣、除垢、排污等多重用途；水井与厕所比肩而设，平时村落垃圾遍地、臭气熏天……卫生环境的恶劣直接导致疾病的流行，死亡率之高令人咂舌。

一次，班里一个女生随严老师去河北考察矿工的劳动卫生状况。回校后她号啕大哭，边哭边讲矿上的惨状：矿工毫无保障，穿着麻袋，鞋破露趾，夜枕砖头，日不见天，有时被包工头打得流血露骨头，病死了就扔到万人坑里……她边说边哭，周围同学也是闻之落泪。偌大的教室里，只有女生的哭诉和同学们的抽泣。她的这番话对一旁的顾方舟产生了巨大的影响：我要做一个公共卫生学家，让更多的人远离疾病、拥抱健康！

穷则独善其身，达则兼济天下，自己已进入中国最高学府，又怎能只想着自己呢？顾方舟似乎一日之间长大了，国家、民族和个人之间架起了一座桥梁。

1949年10月，当北平地下党组织通过已是党员的顾方舟的弟弟找到顾方舟时，他毫不犹豫地加入了中国共产党。在北京大学理学院张硕文同志的介绍下，顾方舟郑重地在党旗下宣誓，成为一名共产党员。

研究脊髓灰质炎：以身试药

大学毕业后，顾方舟践行了自己求学时的理想，来到了大连卫生研究所，从事痢疾的研究工作。抗美援朝战争爆发后，顾方舟被派往战场，治疗患了痢疾的战士。1951年，在战场后方的顾方舟被召回大连，作为中国第一批留学苏联的学生，被派往苏联医学科学院病毒研究所学习。

顾方舟的导师是苏联著名的脑炎病毒专家列夫科维奇教授。1955年夏天，顾方舟取得了苏联医学科学院副博士学位，结束了在苏联的学习，回到了朝思暮想的祖国。1957年，顾方舟带领一个研究小组来到解放军军事医学科学院，进行脊髓灰质炎的研究工作。

脊髓灰质炎又称小儿麻痹症，暴发于1955年，江苏南通全市1680人突然瘫痪，大多为儿童，466人死亡，随后迅速蔓延，青岛、上海、济宁、南宁……一时间，全国闻之恐慌。

1951年留苏期间，顾方舟在观察乙型脑炎小白鼠的大脑组织

1957年，顾方舟调查了国内几个地区脊髓灰质炎患者的粪便标本，从北京、上海、天津、青岛等12处患者的粪便中分离出脊髓灰质炎病毒并成功定型，并发表了《上海市脊髓灰质炎病毒的分离与定型》。这项研究是我国首次用猴肾组织培养技术分离出病毒，并用病原学和血清学的方法证明了Ⅰ型为主的脊髓灰质炎流行。

以此研究为标志，顾方舟打响了攻克脊髓灰质炎的第一战。

1959年3月，卫生部决定派顾方舟等人到苏联考察脊髓灰质炎疫苗的生产工艺。

当时，美国和苏联均研制出了脊髓灰质炎疫苗，疫苗分为活疫苗和死疫苗两种，死疫苗安全、低效、昂贵，活疫苗便宜、高效但安全性仍有疑问。美国已大规模推广死疫苗的接种。经过几周的研究，死疫苗逐渐揭开了神秘面纱，他失望地发现，美国索尔克生物研究所研究的死疫苗虽有效果，但控制脊髓灰质炎流行的效果不尽如人意，只能防止已经感染病毒的患者不发病，不能阻止脊髓灰质炎病毒在人群中的传播。此外它的费用昂贵，需要注射三次，每次的注射费用高达5美元。顾方舟还发现，美国病毒学家Sabin发明了活疫苗，但始终无法进行安全性试验。

顾方舟意识到，这是关于疫苗生产的技术路线的问题：若决定用死疫苗，虽可以直接投入生产使用，但国内无力生产；若决定用活疫苗，成本只有死疫苗的千分之一，但需回国做有效性和安全性的研究。他判断，根据我国国情，只能走活疫苗路线。他立刻向国内写信汇报在苏联的考察情况，并加上了自己的判断：我国不能走死疫苗路线，要走活疫苗路线。

不久，卫生部采纳了顾方舟的建议。1959年12月，经卫生部批准，中国医学科学院与北京生物制品研究所协商，成立脊髓灰质炎活疫苗研究协作组，顾方舟担任组长，进行脊髓灰质炎疫苗的研究工作。

顾方舟制订了两步研究计划：动物试验和临床试验。经过一番波折通过动物实验后，进入了临床试验阶段。按照顾方舟设计的方案，临床试验分为Ⅰ、Ⅱ、Ⅲ三期。Ⅰ期临床试验主要观察疫苗对人体是否安全、有无副作用，只需少数人受试。Sabin教授正是困在了这一步，难以前进。顾方舟和同事们决定自己先试用疫苗。冒着瘫痪的危险，顾方舟喝下了一小瓶疫苗溶液。一周过去后，顾方舟的生命体征平稳，没有出现任何异常。

然而，他的眉头锁得更紧了。因为他面临着一个一直担忧的问题——成人本身大多就对脊髓灰质炎病毒有免疫力，必须证明这疫苗对小孩也安全才行。那么，找谁的孩子试验呢？

望着已经进展至此的科研，顾方舟咬了咬牙，毅然做出了一个惊人的决定：拿自己刚满月的儿子做试验！

顾方舟的儿子刚刚满月，这样一个鲜活的生命让家中充满了活力和希望。如今，要拿儿子做试验，妻子要是知道了，不知会发多大的火。顾方舟决定偷偷给孩子服用疫苗，独自承担面临丧子的巨大压力。但是纸包不住火，妻子还是知道了这个消息。让顾方舟欣慰和感动的是，妻子不但没有怪罪他，还宽慰他儿子一定会平安的。

在顾方舟的感召下，同事们也纷纷给自己的孩子服用了疫苗。这些初为父母的年轻人，用一种看似残酷的执着表达着对国家、对人民、对科学的爱。这是科学史上值得记载的壮举，也是新中国成立后辉煌史诗中浓墨重彩的一笔。

测试期慢慢过去了。面对着孩子们一张张依然灿烂的笑脸，顾方舟和同事们喜极而泣、相拥庆祝：疫苗是安全的！努力没白费，疫苗是安全的！

II 期临床试验是药效的初步评价，主要考察疫苗的有效性，观察血清学、病毒学效果。1960 年，在成立了专门机构、制订了研究方案后，40 万人份的疫苗在北京、上海等 15 个城市投放，城市中所有 7 岁以下的儿童成为临床 II 期试验的受试者。结果表明，生产的 40 万人份的疫苗效果很好，绝大多数人都能产生脊髓灰质炎抗体。

III 期临床试验是对疫苗的最终大考：流行病学检测。顾方舟将受测人群从 40 万人一下子扩大到 200 万人，在北京、天津、上海、青岛、沈阳等大城市展开了试验。近一年的密切监测表明，各市脊髓灰质炎发病率产生了明显的变化。与 1959 年相比降低了 1～12 倍，未服疫苗组发病率比服疫苗组高 7.2～20 倍。三期临床试验的圆满成功，表明顾方舟研究的疫苗可以投入生产，给全国儿童服用了。

一生只为一件事

早在 1958 年卫生部派顾方舟去苏联考察死疫苗的生产情况前，政府就考虑到了疫苗的生产问题，决定在云南建立猿猴实验站。1959 年 1 月，国家卫生部批准正在筹建的猿猴实验站改名为医学生物学研究所，以此作为我国脊髓灰质炎疫

1959年，顾方舟在昆明与职工创建生物医学研究所

苗的生产基地。

生产基地的建设面临着设计资料少、交通运输困难、物资紧缺、苏联撤走所有援华专家的困难。顾方舟后来回忆说："我也不知道那时候哪来的胆儿，就说：'行！虽然有困难，但是能够克服的，一定努力干！'……因此，党委又派了四五位领导到昆明实地考察。他们一看，这个地方要电没电、要水没水，马上摇头，认为在这里生产疫苗不可能。我只好据理力争，说这些困难都是可以克服的。那时候我们没有地方住，也吃不饱，大家就勒紧了裤腰带，咬紧牙关干。"9个月后，一座拥有19幢楼房、面积达13700平方米的疫苗生产基地终于建成了。

1960年春，周总理去缅甸访问的途中路过昆明，在云南省省长刘明辉、外交部部长助理乔冠华的陪同下来到了疫苗生产基地。顾方舟对正在视察疫苗的总理说："周总理，我们的疫苗如果生产出来，给全国7岁以下的孩子服用，就可以消灭掉脊髓灰质炎！"

周总理听了，直起了身子，认真地问道："是吗？"

"是的！"顾方舟拍着胸脯道："我们有信心！"

周总理开心地笑了，打趣道："这么一来，你们不就失业了吗？"

顾方舟也被总理的情绪带动起来，他紧张的心放松下来，说道："不会呀！这个病消灭了，我们还要研究别的病呀！"

周总理拍了拍他的肩膀，赞许道："好！要有这个志气！"

试生产成功后，全国正式打响了脊髓灰质炎歼灭战。1960年12月，首批500万人份疫苗生产成功，在全国11个城市推广开来。经过广泛的调研，顾方舟等人很快掌握了各地疫苗的使用情况，捷报像插上了翅膀传到了顾方舟的手中：投放疫苗的城市流行高峰纷纷削减。

面对日益好转的疫情，顾方舟没有大意。他敏锐地意识到，为了防止疫苗失去活性，需要冷藏保存，这给中小城市、农村和偏远地区的疫苗覆盖增加了很大难度。另外，疫苗是液体的，装在试剂瓶中运输起来很不方便。服用时家长们需要将疫苗滴在馒头上，稍有不慎，就会浪费，小孩还不愿意吃。

怎样才能制造出方便运输、又让小孩爱吃的疫苗呢？顾方舟突然想到，为什么不能把疫苗做成糖丸呢？经过1年多的研究测试，顾方舟等人终于成功研制出了糖丸疫苗，并通过了科学检验。很快，闻名于世的脊髓灰质炎糖丸疫苗问世了。除了好吃，糖丸疫苗也是液体疫苗的升级版：在保存了活疫苗病毒效力的前提下延长了保存期——常温下能存放多日，在家用冰箱中可保存两个月，大大方便了推广。为了让偏远地区的孩子也能吃到糖丸疫苗，顾方舟还想出了一个土办法运输：将冷冻的糖丸放在保温瓶中。

这些发明，让糖丸疫苗迅速覆盖了祖国的每一个角落。1965年，全国农村逐步推广疫苗。1978年我国开始实行计划免疫，病例数持续下降。

此后顾方舟继续从事着脊髓灰质炎的研究。1981年起，顾方舟从脊髓灰质炎病毒单克隆抗体杂交瘤技术入手研究。1982年，顾方舟研制成功脊髓灰质炎单克隆抗体试剂盒，在脊髓灰质炎病毒单克隆抗体杂交瘤技术上取得成功，并建立起三个血清型、一整套脊髓灰质炎单抗。

1990年，全国消灭脊髓灰质炎规划开始实施，此后几年病例数逐年快速下降，自1994年9月在湖北襄阳县发生最后1例患者后，至今没有发现由本土野病毒引起的脊髓灰质炎病例。2000年，"中国消灭脊髓灰质炎证实报告签字仪式"在卫生部举行，已经74岁的顾方舟作为代表签下了自己的名字。这位为脊髓灰质炎的防治工作奉献了一生的老人得到了全国人民的尊重和赞美。

顾方舟：一生只为一件事

中国消灭脊髓灰质炎证实报告签字仪式现场

相关阅读

顾方舟同志在庆祝《医学与哲学》杂志创刊20周年大会上的讲话 [1]

值此《医学与哲学》创刊20周年之际，我代表中国科学技术协会表示热烈的祝贺！

当今世界，科学技术发展以空前巨大的速度和规模与人类社会对其的需求相结合和统一。自然科学、技术科学、工程技术将向综合集成和整体化的方向发展，在认识自然界和人的思维规律上达到前所未有的高度；在科学技术与经济发展之间，科学技术作为第一生产力的决定性作用将得到充分发挥，知识创造的价值将在国民生产总值中占据主要位置；在科学技术与文化之间，自然科学、技术科学与人文科学、社会科学的交叉和融合将成为强大的潮流，使科学精神与人文精神相得益彰、自然

---

[1] 摘自《医学与哲学》2000年总第234期。

科学与社会科学紧密结盟,使人类文明在追求真善美的统一上达到崭新的境界;在科学技术与社会之间,一方面,社会的发展将更加建筑在现代科学技术的基础之上,另一方面,科学技术的发展除遵循自身内在的动力机制规律外,也将越来越受到外部社会条件的约束,取决于人类社会解决可持续发展所面临的人口、资源、环境、生态等重大问题的需求。

科学技术是人类认识自然和改造自然的强大武器。人类基因组计划工作草图的绘制完成是人类科学史上一个里程碑式的创举。人类基因组蕴涵有人类生、老、病、死的绝大多数遗传信息,读出它,将为疾病的诊断、新药物的研制和新疗法的探索带来革命性的变革,它的研究成果将造福全人类,这是参与人类基因组计划的各国科学家包括我国科学家的共识。但是,与很多重大科研成果类似,人类基因组研究同样是一把双刃剑,在给人类带来美好憧憬的同时,也存在着被误用和滥用的危险。如利用基因工程设计后代、改变"隐私"的内涵、诱发研制"不死人"的竞赛等衍生出的道德问题,还有前几年的克隆技术也涉及哲学、伦理、法律等多个领域。面对这些有可能给哲学、伦理、法律等领域带来巨大冲击的科学技术,以及人口猛增、资源滥采、环境污染和生态破坏等与可持续发展原则相悖的行为所带来的恶果,我们在回顾和展望科学技术对经济、社会发展产生巨大推动作用的同时,必须对人与自然相处中的许多不和谐图景给予高度的重视和严肃的关注。《医学与哲学》本着"开阔眼界,启迪思维,探讨方法,促进发展"的方针和"关注热点,挑战现实"的思路,把这个刊物办成了目前世界上在这方面有影响的刊物之一,我们感到由衷的高兴。

……

20世纪是科学技术大发展的时期,新世纪的曙光已经在全球显现。在新的世纪里,科学技术将在多种层次和范围里呈现出与20世纪不同的特点和更为辉煌的作用。在科技工作者履行其历史使命的进程中,科技工作者团体发挥着独特和不可替代的作用。在世纪之交回顾历史、展望未来,我们既为取得的成绩和经验自豪,更为新世纪的发展而憧憬。让我们共同为中华民族的伟大复兴做出更大的贡献。

(本文根据录音整理,未经本人审阅)

金善宝：百年耕耘路 拳拳报国情

■ 金作怡（中国铁道科学研究院）

金善宝（1895—1997），浙江诸暨人。1920年毕业于南京高等师范农科，1926年毕业于东南大学农艺系，1932年毕业于美国康奈尔大学研究生院。曾任中央大学教授，南京农学院院长，中国农业科学院院长、名誉院长等。1955年当选中国科学院学部委员（院士），1957年当选全苏列宁农业科学院通讯院士。

他是中国小麦科学的先驱，1928年发表中国第一部小麦分类文献《中国小麦分类之初步》，1934年出版中国第一本小麦专著《实用小麦论》，1942年发现了我国特有的小麦品种——云南小麦。他培育的南大2419小麦，在长江流域大面积推广，最高每年7000万亩，种植年限逾40年，衍生品种110个，对发展我国小麦生产起了巨大作用。他倡导小麦育种南繁北育、异地加代，加快了育种进程，在他主持下育成的京红7号、8号、9号小麦获1978年全国科学大会奖。育成中7606、中791优质小麦，开启了国产面包小麦之门。

从会稽山走出来的农家子

1895年7月2日，金善宝出生于浙江诸暨会稽山麓石峡口一个普通农户家里，父亲金平波是晚清一名秀才，在本村的私塾里教书，母亲何金莲是方圆几十里的养蚕能手，哥哥金善同年长11岁。金善宝从6岁开始在父亲的私塾里读书，13岁父亲去世，使原本不富裕的家庭更加拮据了，特别是金善宝的升学问题成了亲友们议论的焦点。在这个决定他命运的关键时刻，母亲毅然决定扩大家庭养蚕业，全力支持儿子继续上学。少年金善宝深谙母亲的辛劳，经常帮助母亲采桑叶、缫蚕丝、上山打柴，贴补家用。朴实的山村生活培育了他对一方故土的深情；山村人民的疾苦激发了他振兴祖国农业、改变农村落后面貌的志愿。

1917年夏，快要中学毕业了，同学们都在考虑升学的问题，金善宝也十分渴望升入大学，可是按照他家里的经济条件，能读到中学毕业已经很不容易了，大学的校门是那样可望而不可及。正当他十分苦恼的时候，一天，他忽然在报上看见南京高等师范农科不收学费、膳费的招生简章，这完全符合他的志愿和家庭经济情况，因此，他向亲戚借了路费，毫不犹豫地去南京报考并被录取了。就这样，他走出了生他、养他的山村，走进了南京高等师范农业专修科，成为石峡口第一个大学生。

1917年，金善宝与母亲何金莲

当时新成立的农业专修科主任是刚从美国回来的邹秉文先生，他不但学识渊博、办事很有魄力，而且目光敏锐，在对农业专修科的办学方向上起到了关键性作用。特别是他拟定了一套教学、研究、推广三结合的方针，为了贯彻这一方针，还创办了校内农场、林场、畜牧场，为学校师生提供教学、科研、推广的用武之地。邹先生这种理论与实践、科研与教学相结合的方针对金善宝影响很深，并深受其益，成为他一生从事农业教育、科学研究的准则。

金善宝1920年在农业专修科毕业后，经邹秉文先生推荐，到新成立的皇城小麦试验场任技术员。从小麦播种到收获，从短工安排到试验场经费预算，样样都要亲自动手，一天忙到晚，可是金善宝的心里却充满了喜悦。从此，他将自己的整个生命和小麦科学联系在一起，虽历经坎坷，仍矢志不移。

1924年，金善宝和杭州虹道女子师范学校的姚壁辉女士结婚。按照常理，已近而立之年的金善宝完全可以在南京安一个家，可是，他却违反了这个常理，

1920年，金善宝在南京皇城小麦试验场选种

把新婚的妻子送回故乡石峡口，做了一名乡村义务女教师，自己一个人回到了农场。在这里，他有一间10平方米的小屋、一张单人床，屋内挂满了各种麦穗；在这里，他改良了第一批小麦良种，南京赤壳，武进无芒；他从全国790个县搜集小麦品种900多个，分类整理，发表了中国第一部小麦分类文献《中国小麦分类之初步》；在这里，他对玉米、大豆等多种作物进行了研究。广泛的农业科学实践为他丰富的农业科学知识奠定了坚实基础。

南京高师并入东南大学后，金善宝于1925年回到东南大学补读一年学分，完成大学本科全部学业。

1930年，金善宝考取了浙江省教育厅公费留美学生，入康奈尔大学研究生院深造。1932年，为了在短暂的留学生涯中探寻更多的实践知识，他放弃了学位论文，转到明尼苏达大学专攻小麦育种。在美国三年，他学到了许多先进的科学理论和实践经验。他虽身在异国他乡，心里装的却是灾难深重的祖国人民和为振兴祖国农业的强烈愿望。一次，在学校的聚餐会上，一个美国学生当着众人狂妄地大声叫喊：密斯特金，把这些剩饭拿去给中国人吃吧，中国人正在饿着肚子呢？！他听后感到莫大的侮辱，一种民族的、祖国的尊严使他暴发出愤怒的抗议，他回敬道："很遗憾，中国太远了，请先生还是拿到芝加哥的公园去吧，那里有很多流浪者正等着这些面包填肚子呢！"那个挑衅者自觉无趣，只好灰溜溜地走了。

这件事让金善宝再一次体会到，作为一个炎黄子孙，决不能在屈辱中生活；作为一个学农的中国留学生，来美国的目的只有一个，就

1932年2月，中华作物改良学会发起人在康奈尔大学植物科学馆前合影（左起：马保之、程世抚、金善宝、冯泽芳、卢守耕、管家骥）

是学成归国，报效祖国，振兴祖国农业，改变农村落后面貌。1933年1月，金善宝毅然踏上了归途，回到了祖国的怀抱。同年8月，他应聘回到母校，任南京中央大学（原东南大学）农学院教授。1934年，发表了中国第一本小麦专著《实用小麦论》。

在抗战的烽火中

1937年抗战爆发，校长罗家伦宣布：学校决定迁往重庆，教职工愿意去的不能带家属。他将妻小送到石峡口返回南京后，就和染希、毛宗良教授买了民生公司轮船票，沿长江上溯到了重庆。中央大学在松林坡一个小山坡建校，突击修建了一批简易房屋。金善宝和梁希教授同住在一间不足9平方米的房间内，从1937年到1940年，两人共同生活了3年，在患难中结下了深厚的友谊。

抗战爆发后，广大麦区被侵占，人民在死亡线上挣扎，祖国在灾难中呻吟。战争的现实告诉金善宝，人民需要粮食，前线需要粮食支援，人民在召唤他尽快

1939年，金善宝（右）和梁希（左）在重庆合影

培育出更多的良种。

为了搜集小麦良种，金善宝每年利用暑假到农村调查。1939年夏，他和助教蔡旭一起各自坐一个滑竿，沿嘉陵江、涪江北上，去四川北部松潘一带进行农业考察。由于金善宝是中央大学有名的进步教授，他的行动经常受到监视，这次川北之行被怀疑是共产党的密探，遭到非法扣留。但是，任何威胁、恐吓都不能动摇金善宝培育小麦良种的决心。这一年，他对四川全省的小麦品种进行了系统搜集和整理，对中大2419进行了一系列比较试验，并和成都的四川农业改进所合作，把中大2419分发到该所试验场进行区域试验，从南京到重庆，再到成都，历时6年，表现甚佳，成绩优异。1942年秋，中大2419和矮立多两个小麦良种同时在四川省推广。

抗战时期，日本飞机经常来重庆轰炸，空袭警报一响，学校马上停课，机关、商店立刻关门，大家到防空洞去躲避。但常常是空袭警报响了两三个小时之后，敌机并没有来，空袭就解除了。金善宝觉得躲空袭太浪费时间了，他想到自己的家就在防空洞山下，可以利用这段时间在家里做点工作，等紧急警报来了再去防空洞不迟。久而久之，成了一种习惯。1941年8月22日，空袭警报又来了，姚壁辉在防空洞口听说今天要来轰炸中央大学的消息，急忙派大女儿下山去叫金善宝，过了半小时，没见他们来。又派二女儿下山去催，左等右等，还是不见父女3人的踪影。这时候，紧急警报的声浪已经一阵紧似一阵地鸣叫起来。金善宝刚刚放下手里的工作准备动身时，敌机已经在他家的屋顶上盘旋了。敌机在中央大学丢了几个炸弹，炸弹爆炸的风浪掀起了他家屋顶的瓦片，碎片落在了他家的小院里。金善宝1943年完成的两篇重要论文《中国小麦区域》和《中国近三十年来小麦改进史》都是在重庆大轰炸的威胁下写成的。

由于国库空虚、物价飞涨，大学教授的生活与抗战前相比也是一落千丈。金善宝一个人的工资要维持一家六口的生计很不容易。那时金善宝年年有病，走路拐杖不离手，不到 50 岁的年纪却满头白发。但是，贫困与病魔并没有使金善宝屈服，他一心牵挂的仍然是他的小麦科学研究。

1937 年，金善宝从云南征集的小麦品种中发现有一类小麦品种性状特殊，穗形细长而稀疏，无芒，白壳或红壳，穗轴坚硬而易折断，小穗紧靠穗轴，角度很小，小穗从穗节下部折断，籽粒和颖壳难于分离，脊上有锯齿和侧脉，种子横切面呈三角形等。从植物学分类上看，它与一般普通小麦的穗轴坚韧不易折断有较大差异，也不同于斯卑尔托小麦。1942 年，他带着病弱之身去云南实地考察，走遍了澜沧江流域，登上海拔 1700 米的高原，发现该品种的主要产区分布在云南省西部澜沧江西南，包括镇康、双江、云县、缅宁及腾冲等县，海拔均在 1000～1700 米。通过考察，他一共搜集到这种小麦品种 15 个，后经多方研究，将其命名为"云南小麦"，确定其为普通小麦的云南小麦亚种（*T. aestivum subsp. yunnanense King.*）。

1946 年，金善宝（右一）和中央大学农艺系毕业班同学合影于重庆沙坪坝

五张任命书

新中国成立后，金善宝前后接到五张任命书。

1949年8月，原中央大学改名为南京大学，毛泽东主席任命金善宝为南京大学农学院院长；1950年4月，任命金善宝为华东军政委员会农林部副部长；1950年6月，又任命金善宝为南京市副市长；1952年7月，大学院系调整，南京大学农学院与金陵大学农学院合并，改名南京农学院，任命金善宝为南京农学院院长；1952年11月，中央人民政府又发出第五张任命书，任命金善宝为江苏省人民政府委员。

党和人民的信赖使金善宝感到任重而道远，他认为自己是学农的，为人民服务应以农为本、从农业开始。

1950年，长江下游洪水泛滥，华东地区、长江流域有上亿亩良田遭受水灾。如何抗灾、救灾，挽救人民的损失？金善宝根据华东地区历年来气候变化的规律和特点，提出"多种马铃薯、移植冬麦度春荒"的建议，得到党和人民的重视，《南京新华日报》全文刊载了这个建议。当时华东地区农民还从来没听说过冬小麦可以移栽，有人持怀疑态度。为了说服农民，金善宝亲自到南京郊区作田间示范，把小麦移栽技术和科学道理传授给农民，使这一措施迅速推广，补救了华东地区农业受灾的损失。

1951年夏，正当南方小麦处于返青拔节季节，苏北地区突然遭遇历史上罕见的寒潮，100多万亩小麦被冻害，情况万分危急。江苏省委给金善宝发电，要他带领10名各种专业的教授迅速赶赴小麦冻害灾区，研究抢救办法。当他们连夜赶到苏北小麦冻害现场时，发现绝大部分小麦的主茎都被冻坏了。多数专家认为，小麦的主茎已经冻死，没有挽救的希望，不如趁早翻掉，另外栽种其他作物。当时金善宝的心里也没有底。他想，翻掉受冻的小麦，改种别的庄稼，虽然也是一条路子，但这样做农民就要白白丢掉一茬粮食，不知道有多少农民将面临挨饿的危险。有没有更好的办法呢？为此，他带领专家们走遍了苏北、淮北10多个县，对各地的防冻经验进行系统总结。调查中发现，小麦的主茎虽然已经冻死，但小麦的分蘖节并没有冻死。根据这一情况，金善宝向江苏省委提出适时浇水、增施肥料、加强麦田管理等一系列栽培措施。经过努力，当年苏北地区100多万亩受冻小麦最后仍然获得亩产200多斤的好收成。这个事例充分说明，农业科学必须与生产实践相结合，才能做到为生产服务。事后，金善宝组织大家认真总结这一经验，并把它写进了小麦栽培的教科书中，学校老师每次给学生讲小麦栽培学时，都把这件事作为典型的例子。

金善宝研究的中大2419小麦良种早在1946年中央大学返回南京之初就在丁家桥农场继续进行品种试验，几年来的试验结果显示其产量均超过南京当地品种17%以上；在1950—1951年10个品种试验结果中，中大2419产量居第一位。1952年，因中央大学改名为南京大学，中大2419也改名为南大2419。由于南大2419穗大粒多、丰产性好，适应性强，较早熟、抗倒伏，高抗条锈病、叶锈病，当1956年长江流域小麦锈病大面积发生、造成小麦严重减产时，南大2419因其较强的生产优势，首先在长江流域大面积推广。

据不完全统计，南大2419的推广面积在1954年达600万亩，1955年达900多万亩，1956年扩大到3700万亩，1957年以后最高年份达到7000万亩，约占全国小麦种植面积的五分之一。直至20世纪80年代，南大2419在新疆、青海以及长江流域的种植面积仍在百万亩以上。

因南大2419早熟、适应性好、丰产、抗条锈病，各地用其作为杂交亲本所得的优良衍生品种有110个，在我国七大麦区都有分布。南大2419的使用年限从1942年首先在四川省推广开始计算，到20世纪80年代，前后长达40余年。南大2419推广面积之大、应用时间之长、种植地区之广、衍生品种之多，是中国小麦品种改良史上少见的，对发展我国小麦生产起到了巨大作用。

春小麦一年繁殖三代的创举

小麦和其他农作物一样，育种周期较长，从杂交亲本的选配到初步获得一个遗传性稳定的新品种一般需要7~8年，甚至10年之久的时间。"小麦育种周期太长了，一个人的生命有几个10年？"金善宝常常这样感叹。

自古以来，小麦一年只能播种一次、收获一次。能不能改变这千年不变的规律呢？春小麦在北京地区3月初播种，6月下旬收获，在时间上，一年只利用了三分之一的时间，其余三分之二的时间都用不上。如果能把剩下的时间也利用起来加速春小麦繁殖，一年变成了两年或三年，在育种上的价值就十分可观了。

金善宝想到1955年去匈牙利访问时，匈牙利向国外大量出口玉米良种，为了加速繁殖，曾向我国提出希望能到我国云南地区进行冬季玉米繁殖。他想：玉米可以冬繁，小麦能不能夏繁呢？我国幅员辽阔，地跨热带、温带和寒带，别的国家尚且想利用我国这一优越的自然气候条件，我们自己为什么不能利用这一点进行春小麦繁殖、异地加代以加快春小麦育种进程呢？

为了实现这个设想，金善宝首先在北京进行小麦夏播试验。他从浙江购置了竹帘，让助手杜振华搭起凉棚（竹帘），采取喷水降温（铺设喷灌设备）的办法，经过两年试验都没有成功。

此后，随着小麦试验研究的不断深入、扩大，依靠杜振华一个人孤军奋战已经远远不能满足需要了。怎么办呢？无奈之下，金善宝想到了自己的母校。1964年2月经国家科委批准，南京农学院与中国农业科学院联合设立了小麦品种室。根据金善宝的育种思想，北京、南京两地的研究人员紧密协作，正式开始了春小麦育种的试验工作。育种工作以改造20世纪40年代选育的小麦品种南大2419为主攻目标，在北京选用甘肃96、欧柔、印度798、原农1号等品种为亲本材料进行杂交，希望选育出比印度798早熟、高产且比南大2419抗锈性好的春小麦新品种。

1965年，年过古稀的金善宝带着小麦品种研究室的吴兆苏、沈丽娟教授和薄元嘉登上黄山、天目山考察，寻找小麦夏繁基地，但黄山、天目山上土地不多，不适宜小麦夏繁。

黄山考察失败后，1966年5月，金善宝派小麦品种室的薄元嘉去井冈山考察；8月，他又和杜振华登上庐山，认为井冈山、庐山的条件都很好。

他们在庐山考察时忽然接到院里造反派的电报，命令其立即返京参加"文化大革命"。经过重重困难回京后，金善宝"靠边站"了！不让他出外考察。他想：人靠边了，思想可不能靠边，小麦生长是有季节性的，一年只能生长一次，错过了季节就浪费了一年宝贵的时光，时不可失，不能再"泡"在这无谓的争斗之中了。他找到当时院里的头头，要求派人去井冈山、庐山驻点，头头强调革命第一,不同意派人。于是,他只好写信给庐山植物园和井冈山农科所,请求他们协助完成这一年的小麦夏繁任务,并在庐山牯岭的东方红公社做了与井冈山相同的小麦杂交后代试验,以资比较。

后来,金善宝又想把北京地区的小麦试验搞起来。在当时的条件下,要搞科学试验,一方面要冒"业务挂帅""白专道路"的危险,另一方面还要顶住来自各方面的阻力和压力。小麦试验需要大面积的试验地,而农业科学院的试验地近年来被头头们一块块地送给了别人,他只好尽量缩小小麦试验的面积;试验地需要平整、排灌,却没有劳动力和灌溉设备;试验需要肥料、仪器和经费,全都无人理睬。一件件、一桩桩都要年逾古稀的金善宝亲自去跑、亲自去过问,今天找这个头头,明天找那个头头,一次不行,再跑两次、三次。人们惊讶了,现在是什么时候你还搞试验?!他回答:"是的,要搞试验,中国几亿人口需要粮食,不搞试验,吃什么?!"有人诬蔑他是搞个人名利,他说:"党和国家已经给了我这么高的地位和荣誉,我还要什么名利?!"甚至有人造谣说他已经故去了。他在会上反驳说:"阎王还没给我传票呢?就是有传票,我也不去!只要一息尚存,也要搞小麦育种。"小麦试验期间,从种到收,他几乎每天都风雨无阻地来到田间,在播种了2000多个品系、品种的苗圃里观察、挑选。

正当金善宝的小麦科学试验刚刚有点眉目的时候,突然一道命令下来,把他唯一的助手杜振华调走了。得知这个消息,他气愤极了,立刻找到生产组的头头抗议,经过几次交涉,已经被调到原子能研究所的杜振华终于又回来了。金善宝的这次抗争总算宣告胜利,他的小麦科学试验也在这重重阻力下坚持了下来。

井冈山、庐山的夏繁小麦获得成功,打破了我国小麦育种工作一年只能繁殖一代的局面,为我国小麦育种的快速发展打下了良好基础。庐山植物园此项试验成果获得了江西省科技成果奖。

此后,高山小麦夏播繁殖经验很快在全国各育种单位普遍推广和应用,据不完全统计,仅到庐山进行小麦夏季繁殖的单位高峰时多达17个。各省、市、自治区还利用当地的有利条件广泛进行各种作物的夏播繁殖试验,取得了较好的结果。

在高山夏播繁殖小麦成功的基础上,金善宝进一步提出在云南元谋、广东湛江和海南岛等地进行春小麦冬季繁殖的设想。6月在北京收获小麦后,7月初到江西井冈山桐木岭和庐山牯岭夏播,10月中旬收获了夏繁小麦的种子,当月下旬赶到广东湛江秋播，次年2月收获。至此，金善宝和他的助手们经过3年多的努力，终于实现了多年来的愿望，利用我国自然地理条件一年繁殖3代小麦。这项研究把春小麦新品种的选育时间从10年左右缩短为3~4年，成为我国小麦育种工作中一个新的里程碑。现在，"南繁北育、异地加代"一词已经成为农业科技的术语，"南繁北育"经验也在玉米、高粱、水稻、谷子等作物上得到广泛应用并取得了显著成绩。

1968—1969年，农科院作物育种栽培所引入陈孝、张文祥两位年轻人先后加入春小麦育种研究，育成了超亲早熟春小麦品种京红1号、2号、5号和超亲大粒的京红4号。其中京红5号在我国西北、华北和华南等麦区曾经大面积推广应用，京红1号则因早熟、矮秆而被许多育种家用作矮秆早熟种质资源。此后，他们又以改造墨西哥小麦为主要育种目标，选用墨巴66、St1472/506和奈里诺59等为杂交亲本，希望选育出丰产性好、适应性和抗逆性都超过墨西哥小麦的春小麦新品种。

1972年1月15日，金善宝向当时的农科院核心领导小组递交了"春小麦育种计划"的报告。他和他的助手不畏艰难取得的丰硕成果得到当时农业所的大力支持。1972年春，连续增补了辛志勇、郭丽、尹福玉，成立了春麦组；下放北京市的陈孝和张文祥也于1978年农科院恢复建制后归队；80年代开始，又陆续调进了黄惠宇、刘书旺、杜丽璞、徐惠君、杨华等人。

研究力量壮大了，研究工作也取得了较快进展。几年来，在金善宝的带领下，春麦组的研究人员克服了种种困难，坚持不懈地活跃在小麦南繁北育的战线上，通过异地加代，先后育成了京红6号、7号、8号、9号和京春6082等春小麦新品种。这批品种的共同特点是产量高、品质好，高抗小麦条锈、叶锈病和秆锈病，抗干热风，不早衰，深受春麦区广大农民的欢迎，特别是京红7号、8号、9号3个品种在河南、河北等地29个点评比结果产量大都超过了墨西哥小麦。1978年，京红号小麦获全国科学大会奖。

春小麦一年繁殖3代的成功使金善宝感受很深，他在1987年8月参加冀西北夏播小麦座谈会上回忆了这段曲折的经历，深有感触地说："一个新生事物的发生、发展，总要经过一段迂回曲折的过程，如果它是错误的，就会在中途夭折；如果它是正确的，坚持下去，总会取得成功。夏播小麦就是一个很好的例子。"

相关阅读

农业科技档案是发展农业生产的必要条件
——访金善宝同志 [1]

八十八岁高龄的金善宝同志担任着中国农学会名誉会长、中国科学院学部委员和中国农科院名誉院长等职。金老目明耳聪、思路清晰、精神矍铄。最近,他在百忙中接受了国家档案局同志的访问。

金老在谈话中,忆起周恩来同志对档案工作的重视。金老说:"我记得1956年周总理在关于知识分子问题的报告中讲到,'为了实现向科学进军的计划,我们必须为发展科学研究准备一切必要的条件。在这里,具有首要意义的是要使科学家得到必要的图书、档案资料、技术资料和其他工作条件。'周总理的指示充分说明了科技档案资料的重要性和它的地位作用。"金老参加了五十年代周总理和陈毅副总理主持召集的知识分子会议,亲耳聆听了周总理关于知识分子问题的报告,对周总理关于档案资料工作的指示一直铭记在心。

农业科研工作周期长,露天作业要坚持田间记录,积累资料,做好档案资料工作,依赖档案资料进行总结提高、上升为科学规律,这是金老的切身体验。金老说:"我是搞小麦育种工作的,在小麦新品种的选育过程中要系统地积累资料,田间调查和室内考种都有大量数据要进行整理和保存,便于进行分析、研究规律、选出新品种。要选育一个新品种至少要八九年,因为一年只能种一次,一个人的一生有几个八九年?因此,就要缩短育种年限。我国地域广大,可以利用这个条件,春天在北方种,夏天到南方高山上种。近几年又到云南去种。种下,收起来,到春天又到北方种。一年繁殖两代。在这个过程中都要做好田间记录、积累资料、建立档案。可见,农业科技档案资料也是来之不易的呀!"

---

[1] 杨娜. 农业科技档案是发展农业生产的必要条件——访金善宝同志 [J]. 档案工作, 1983(6): 26.

金老在长期的农业科研实践中深知科学研究是离不开科技档案资料的。金老说:"前几年我们编写的《中国小麦品种及其系谱》一书即将出版。书中撰辑的小麦品种很多,对于各个品种来源、分布都需要查阅很多档案资料,弄清祖宗三代的来龙去脉。缺少档案资料,就无依据查考。我看过 Blote 著的《Florece》书中介绍有一个品种,英文名字是 Quility,我们叫它"碧玉麦",它是从澳大利亚马奎斯小麦品种选育出来的。为弄清碧玉麦的情况,我们费了很大劲,不仅找不到有关的档案资料,就连北京图书馆、北京农业大学图书馆和南京农学院图书馆都没有这方面的资料。从《Florece》书中看到,它的适应性很强,只要能种小麦的地方,它都能生长。在我国已推广到广西,后来又推广到西北。西北农学院赵洪璋教授找到蚂蚱麦与碧玉麦杂交后育成碧蚂一号,推广了九千万亩。到现在,它还是一个好品种,但有关它的历史资料却找不到,它的系谱渊源弄不清楚了。可见档案资料和图书资料直接关系着科学研究的顺利进行。"金老对做好科技档案资料工作是寄予很大期望的。

金老对我国农业科研、农业生产过程中留存必要的档案资料十分关心。金老意味深长地说,像我国第一个搞成的杂交水稻、小麦 T 型雄性不育杂交实验、山西太谷县郭家堡公社高忠丽同志发现的单基因控制的显性的核不育材料、小黑麦八倍体实验,等等,对于小麦育种很有价值,这些活动都应当很好记录下来,作为档案保存。但可惜的是,我们农业科研、种植等方面的档案资料很不完整,农业科技档案资料工作是农业经济管理工作的一个十分薄弱的环节,迫切需要予以加强。

不少人吃过金老选育的小麦面粉,不少人读过金老所著的书,不少人查阅使用过凝结着金老勤劳智慧的档案资料。然而了解一下金老对农业科技档案资料工作的关怀与重视,对做好这项工作、以便更好地为农业现代化建设服务是有教益的。

闻玉梅：中国治疗性乙肝疫苗的开拓者

钱奕冰（复旦大学历史学系）

科学家励志故事 系列丛书·第三册

闻玉梅（1934— ），微生物学家。1956年毕业于上海第一医学院，1980—1982年赴英国伦敦大学、美国国立卫生研究院进修肝炎病毒学。1985年经卫生部批准建设上海第一医学院（现复旦大学医学院）医学分子病毒学重点实验室。她长期从事医学微生物学的教学与科研工作，发现了我国乙肝病毒的多种变异株，提出乙肝病毒表面抗原耐受性的观点，研究消除免疫耐受性的治疗策略，推动研制乙肝表面抗原抗体复合物型治疗性疫苗，被认为是治疗性乙肝疫苗的开拓者之一。1999年当选中国工程院院士。

累世书香，科研报国源流长

1934年1月16日，闻玉梅在北平出生。闻玉梅的父亲闻亦传、母亲桂质良是近代中国最早的一批留美博士。1930年，闻亦传、桂质良双双学成归国报效国家。闻玉梅出生时，父亲闻亦传任北京协和医学院解剖系副教授，母亲桂质良则在北京道济医院参加医疗工作。

闻玉梅的家庭可谓累世书香，闻家是湖北浠水的大家族。闻亦传是著名诗人闻一多的堂兄，在清华读书期间，闻亦传与闻一多等人组织了上社，切磋学问，关心时事。1922年从清华大学毕业后，闻亦传官费留学美国芝加哥大学，于1924年获哲学学士学位、1927年获芝加哥大学哲学博士学位。桂质良同样是一位卓越的女性，她1921年以第一名的成绩考取清华大学的出国留学基金（庚子赔款），1922年进入美国卫斯理学院，后考入美国约翰斯·霍普金斯大学，1929年获医学博士学位。这样的家庭为闻玉梅成长为一位卓越的女科学家做了最初的铺垫。不幸的是，闻亦传因醉心学术、劳累过度，于1939年染病早逝，年仅42岁。闻亦传虽早逝，但其为国家科研事业呕心沥血的精神却留给了年幼的闻玉梅。

1941年，闻玉梅随母亲桂质良来到上海，先就读于上海中西第二小学。1943

年进入圣玛利亚女中，完成小学 5~6 年级至初二的学习。圣玛利亚女中是当时知名的中学，闻玉梅在读书期间因成绩优秀、连年获得第一名而免去学费。闻亦传去世后，桂质良带着两个女儿（闻玉梅有一个年长 3 岁的姐姐），生活艰辛。虽然桂质良有许多有钱有势的亲戚、同学，但她从不求助于别人，坚持以自己的能力培养女儿。为了让闻玉梅姐妹接受最好的教育，桂质良四处兼职。1953 年，桂质良进入国家教师编制，成为第二军医大学的三级教授，专职授课精神病学及儿童青少年心理卫生。桂质良是我国精神科发展史上第一位女性精神病学专家、第一位儿童精神病学和心理卫生专家、第一位出版精神病专著《现代精神病学》的专家，同时桂质良还出版了《女人之一生》《我们的孩子及其问题》（Our child and his problems）、《只对女人说》等著作。对闻玉梅而言，母亲对其影响极深，是第一个让她崇拜的对象。

另一位深深影响闻玉梅的女科学家是居里夫人。中学时代的闻玉梅很喜欢《居里夫人传》这本书，多年之后，闻玉梅回忆起这本书仍然清楚记得其中的情节："老师知道，玛丽（即居里夫人）的记忆非常好，她可以把沙皇的历史背得很熟。每次学监来了，就叫玛丽背诵。等学监一走，她就抱着老师

1951 年，闻玉梅（第一排左三）在圣玛利亚女中与同学合影

痛哭……她最后得了两次诺贝尔奖。她发现了第一个放射性元素并命名为钋（Po），以此来怀念她的祖国波兰。她发现了可以治疗肿瘤的放射性元素镭后说，'我不要专利，应该服务于人民'。由于长期接触放射性元素，她最后死于放射性元素引起的疾病。"

中学时期，闻玉梅所钟爱的另外一本书《白求恩大夫的故事》是促使她选择医学的另一个重要因素。闻玉梅提起这本书时说："看了以后，我觉得科学是进步的，应该为人民服务，应该解除人民的疾苦，而从事医学工作，可以随时随地解除人的疾病。这本书对我的影响很深，我想将来从事这一行业，做一名专业的人员。所以，我就考了当时的上海医学院。"

投身医学，风雨坎坷遇恩师

1951年，闻玉梅以优异的成绩考入上海医学院，进入医疗系开始本科学习。在上海医学院，闻玉梅正式开始了自己的医学生涯。1956年，闻玉梅从上海医学院毕业，并加入中国共产党。闻玉梅认为党可以把很多人的力量凝聚在一起，"有了党的组织，它可以激励我继续前进。没有组织的帮助、教育、关怀，没有党员同志之间的互相鼓励，我觉得很难坚持一辈子。所以最后，我认识到我一个人的力量是有限的，我必须加入中国共产党。在党组织的领导之下，按照正确的方向去发展。"

从上海医学院毕业后，闻玉梅面临着选择自己未来发展道路的问题。她本可以去做一名临床医生，但最终还是选择报考研究生，从事基础医学的研究工作。促使她改变的原因是实习时的经历：一名患有心脏病的妇女，当时正怀第二胎，因心力衰竭而去世，母子都没能保住。闻玉梅非常内疚，作为一名治病救人的医生眼睁睁看着患者死去，却无能为力。闻玉梅回家后哭了好几天，母亲桂质良很是担心："这样感情用事，缺乏冷静与理性，怎么能做个好医生呢？"桂质良的提醒和闻玉梅对救活患者的强烈愿望使闻玉梅认识到自己应该去做研究，去创新理论，探寻新的方法救治患者。因为这个原因，闻玉梅选择做医学基础研究，且自始至终，她都坚持以救死扶伤、治疗疾病

闻玉梅在上海第一医学院的毕业文凭

为研究目的,"一直到现在,我所有的研究都是直接用到患者身上,而不是为了发表几篇文章。"

闻玉梅决定参加全国首次副博士研究生考试,进一步深造,进入更深的研究领域。但正当她积极备考时,母亲桂质良却突然因病去世。遭此巨变的闻玉梅悲痛欲绝,想放弃考试,在姐姐闻玉平的鼓励下,她强忍悲痛参加考试,并以优异的成绩考取了上海第一医学院微生物学的研究生,欲师从著名教授林飞卿。但生活又给了闻玉梅一个打击,林飞卿当时只收学俄文的学生。无奈之下,闻玉梅欲去中山医院放射科工作。这时,林飞卿拨通上海第二医学院微生物学一级教授余㵆的电话:"你的研究生发榜了吗?我给你一张试卷,你看后再作决定。"余㵆看了闻玉梅出色的试卷后当即表态"这个学生我收了"。于是闻玉梅进入了上海第二医学院,跟随余㵆开始微生物学的研究。

1957年,副博士政策被取消,闻玉梅无奈中止了在上海第二医学院的学习,回到上海医学院做助教。1960年,闻玉梅在上海第一医学院基础部获重点培养,正式拜林飞卿教授为师。闻玉梅的三位老师教会了她一个优秀科学家应有的严谨、创新和对培养后进的责任感。

筚路蓝缕，解除国病为己任

20世纪80年代初，改革开放，国门打开，闻玉梅渴望到外面的世界去看一看。1980年，世界卫生组织在华举办考试，为中国学者提供了出国学习的机会，其中有两个肝炎研究领域的名额。闻玉梅顺利通过考试，成为其中一个。其他专业的出国时间大多为1年，肝炎专业只有3个月，当时多数人出国都想要时间久一点，而闻玉梅却选择了一个时间最短的。面对不解，闻玉梅坦然回答："我就是要做肝炎，别的不做。"而为什么选择肝炎，而且是乙型肝炎？因为闻玉梅看到中国的乙肝患者日益增多，当时十分之一的中国人都感染了乙肝，她觉得乙肝是国病，决定全力以赴研究乙肝，解除中国广大乙肝患者的痛苦。

1980年3月，闻玉梅被首批选派到英国伦敦大学卫生与热带病研究所世界卫生组织肝炎合作中心进修3个月。这期间，她凭借出色的科研学习能力完成了应有的学习内容，在国外发表了论文《肝癌细胞PLC/PRF15克隆株分泌乙肝病毒表面抗原的研究》。回国时，闻玉梅不仅带回细胞株用以进一步研究，还用自己省吃俭用省下的生活费为实验室购买了低温冰箱和幻灯机。

林飞卿觉得进修3个月对闻玉梅来说太短，正好美国国立卫生研究院对中国学者开放了，但此时闻玉梅已经是教研室主任，校方不批准闻玉梅出国。已经70多岁的林飞卿说："闻玉梅是有潜力的，一定要让她去，我替她当主任，有事我来做。"所以闻玉梅又到美国国立卫生研究院进修了14个月。这期间，闻玉梅踏入了一个新领域——分子病毒学。闻玉梅在国内从未听说过分子病毒学，她想把这一新兴事物介绍到中国，但进修的实验室负责人只让她做细胞的病毒培养，不认为一个来自第三世界的女性能胜任这么"高端"的科研。为了证明自己，闻玉梅找到美国国立卫生研究院实验室下面的一个分子病毒学实验室，虚心向实验室的研究人员请教，自己学着做。她还报名参加了夜校的分子病毒学课程。尽管她并不需要学分来获得学位，但她仍选择选课并参加考试，考试成绩出来后，闻玉梅位列第一。当时的闻玉梅已经年过四十，记忆力远不如班里二十几岁的同学，她用勤奋好学证明了中国人的科研决心与能力。

1983年，闻玉梅（右）与老师林飞卿（中）、博士生瞿涤（左）三代师生合影

疫苗是预防传染性疾病的重要方式，乙肝疫苗已经有较长时间的历史。未感染乙肝的人可以用疫苗进行预防，那已感染乙肝的患者怎样清除他们体内的病毒呢？对此，闻玉梅提出了一个新的理念，用疫苗来提高人体免疫力，借此控制病毒，这一理念被称为"治疗性乙肝疫苗"。这个想法闻玉梅酝酿了很久。她根据乙肝的传播情况，设想可以通过消除乙肝的免疫耐受激发人体自身的免疫力来对付病毒。她认为，治疗乙肝应该从两方面入手，一方面是抗病毒，另一方面是提高人体抵抗力。

1986年，国家推出"863"计划，当该计划第一次招标时，闻玉梅递交了申请。去答辩的时候，闻玉梅说想要做免疫治疗，先做一个动物模式。在当时的动物模式方面，中国只有鸭子，闻玉梅就带着她的第一个博士生瞿涤研究鸭肝炎病毒。闻玉梅的观点非常明确：要做表面抗原，而当时国际上都认为应该是核心抗原作为主导。评审团的一批专家被闻玉梅的创新性思维所打动，决定为闻玉梅的设想投入100万元的资金支持。这在当时是一笔巨款，为了能用这100万元做出成果，闻玉梅可谓殚精竭虑、废寝忘食。

1995年，闻玉梅在国际著名医学杂志《柳叶刀》上发表了题为 *Hepatitis B vaccine and anti-HBs complex as approach for vaccine therapy* 的文章，在国际上第

一次正式提出了治疗性疫苗的概念，并介绍了中国的开展情况，这篇开创性的论文在此后获得了该领域研究人员的高频引用。1997 年，治疗性疫苗被列为国家"863"计划生物领域重大项目之一，并受到国内外关注。同年，闻玉梅被欧共体聘为欧共体－发展中国家项目申请评估专家，获国家自然科学奖三等奖。2009 年，治疗性乙肝疫苗进入了Ⅲ期临床试验。

研究治疗性疫苗这么多年，闻玉梅说人民群众的需求是她走下去的力量。闻玉梅收到了好几大箱子的患者来信，她将这些来信装订后，在"前言"中写道："愿我全室科研人员不辜负人民的期望，在治疗乙肝方面继续努力奋斗，为人民解忧，为祖国争光！"国家的支持是闻玉梅另一强大的动力，闻玉梅说如果没有国家的支持，自己是做不下去的。

辛勤耕耘，培养人才传薪火

1985 年，经卫生部批准，闻玉梅开始组建医学分子病毒学重点实验室。1999 年，闻玉梅当选中国工程院院士。2001 年，闻玉梅获国家科技部"863"计划十五周年突出贡献奖。2007 年，闻玉梅作为第一完成人完成的项目获得教育部自然科学奖一等奖。

硕果累累的科研成就给闻玉梅带来了足够的知名度，但她并不看重这些名利，她更看重自己作为老师的角色。

早年国外的进修经历使闻玉梅认识到，自己这一代的科研不可能跟外国人平起平坐了，要培养下一代，让下一代跟外国人去竞争。培养学生时，闻玉梅始终保持与英国、美国、法国、德国四个国家一致的高标准。这种高标准让闻玉梅成为学生眼中的严师慈母，学生们谈及闻玉梅时无不对她感激敬重。

有人问闻玉梅："你一生做的什么事情你觉得还可以？"闻玉梅说："我觉得就是我及时回来了，为中国创建了一个实验室、培养了一批人，让他们接着朝前走。"

如今，闻玉梅培养出来的学生也都成了学科带头人，为中国的科研事业贡献着力量。

多次被复旦大学研究生评选为最受爱戴的十大研究生导师的闻玉梅，虽已是八十余岁高龄，但她仍坚持组织团队，给学生开设医学与人文课程，培养医学生的人文情怀。平时，闻玉梅经常参与学生组织的学术活动，耐心解答学生一个又一个的问题。

2013年，面对中国日趋老龄化的状况，闻玉梅老骥伏枥，带领团队承担了中国工程院重点咨询项目"长三角地区健康老龄化发展的战略研究"，提出"医老"的口号。她希望这项惠及老年群体、家属及社会的事业能够为国分忧、为民解难。

回溯历史，从闻玉梅双亲留美归国振兴祖国科研事业，到闻玉梅奋斗在医学领域60余载，闻玉梅及家人时刻以人民的重托为己任，其对国家的赤子之心薪火相传、生生不息。

相关阅读

医学科学
—— 永恒的人文内涵

闻玉梅[1,2][①]

（1. 复旦大学上海医学院基础医学院，上海 200032；2. 复旦大学教育部/卫健委医学分子病毒学实验室，上海 200032）

1888年，英国生物学家、进化论的奠基人达尔文给科学下了一个定义："科学就是整理事实，从中发现规律，得出结论。"达尔文对科学的定义指出了科学的内涵：科学就是客观事实，既要发现人们所未知的事实，还要从事实中总结出客观事物本身及事物之间的作用和规律。因此，科学的基石是事实。人们通过应用不同技术，不断发现并验证事实；在学习与继承事实的过程中发展事实、尊重事实并传播事实，根据事实

[①] 闻玉梅. 医学科学——永恒的人文内涵[J]. 科技导报，2020，38（10）：20-22.

的特点及科学家们的感悟，科学逐渐分化形成了不同的科学学科，这些学科归纳为自然科学与社会科学两大类。

然而，医学科学却与众不同，它既是自然科学，又具有社会科学的特色，因为在医学科学中存在着永恒的人文内涵。

一、从医学发展的历史看人文的内涵

医学是科学的，也是人文的。医学中的人文内涵贯穿医学发展史的始终，离开了为人民的健康、解除人民的疾苦这一核心，医学科学的发展不仅失去了动力，也失去了前进的方向。

医学最早的起源是人类为了保护自身而建立和发展起来的。很多早期的科学技术，其中也蕴含有人文的理念。例如，神农尝百草就是不计个人生死、寻找治病草药的典范；又如中国唐代名医孙思邈，他首先将中国传统医学分成了内、外、妇、儿科，并教导弟子"不管来者是美、是丑，我们都要平等对待"；西方医学之父希波克拉底（公元前460—前377年）曾说过："无论我到什么地方，都要为病人做事，不能有不当行为，不论他是男是女，不论他是贵族还是奴隶，都要公平对待""我不能把病人告诉我的事情随便告诉别人"等。这些例子都说明自古以来，医学科学中就孕育着深厚的人文内涵。

随着医学技术的飞速发展，医学有了更为广泛而深刻的应用。人类对于医学其人文性的思考越来越多，对于生命的思考也越来越深刻，这为医学人文的诞生提供了十分重要的理论基础。随着医学工作者整体综合素质的不断提高，医学工作者对于工作的思考与总结也日益增多，其质量也日益提高，这为医学人文的诞生提供了很重要的学术基础。我的偶像是两次获得诺贝尔奖的居里夫人，我最佩服她的是，在沙皇占领她的祖国波兰时，她旅居法国钻研科学，发现了第一个放射元素并命名为Po，以表示对祖国的深爱之情。但是，当被问及是否要对放射元素申请使用专利时，她坚决反对申请，因为她认为放射治疗应服务于全人类。这就是伟大科学家对于医学科学治病救人中人文内涵的领会，人们不仅是钦佩，也会永远铭记在心。

二、现代医学科学中的人文内涵

现代医学的发展有两个显著的特点：一是融入了大量的新技术，包括对人的全基因测序、发展多种疫苗、寻找疾病的靶点，针对靶点的药物开发、新型影像及超声技术的发展与应用、机器人手术、人工器官（人工关节、人工瓣膜、人工体外循环等）以及免疫治疗和干细胞治疗。这些新技术为疾病提供了很多新的治疗方法，显著增长了人类寿命，从而也促进了医学市场的发展。二是随着经济的发展，经济对医学的发展也具有了更广、更深的影响。改革开放后，中国多次改革医疗卫生事业，并做了一系列探索。近年来，伴随着中国社会的转型，中国医务工作者与人民群众都面临着从医、就医与健康保障等新的挑战与机遇。人民在衣食住行的问题解决后，更多地关注的是获得良好的医疗与健康保障，在中国"未富先老"的情况下，这一需求尤为突出。

目前，中国存在着有限医疗条件与日益上升的医疗需求之间的矛盾，医学人文的内涵也受到了极大的挑战与冲击。在各大医院门诊，每天忙于"应付"5分钟完成一名患者诊治的医生哪有时间考虑人文医学，而患者又怎会对此种诊疗表示满意。因此，医患矛盾层出不穷。但是，随着中国强化推行分级诊疗后，看病难的问题在一定程度上得到了缓解，一些地方对分级诊疗也进行了积极探索，取得明显成效。与此同时，随着健康教育的普及，群众的预防意识逐渐增强，对医学科学的了解和认识也逐步加深。事实上，医生与患者就是一个战壕里的战友，共同的敌人都是疾病。这是现代医学科学中再强调也不过分的人文内涵。

2019年，在突然袭来的新冠肺炎疫情中，突显出现代医学中最高、最美、最感人的人文内涵。在没有硝烟的战场上，有多少武汉的白衣战士信守医学誓言，不畏牺牲、勇往直前，坚守在第一线患者的身边；有多少白衣战士不顾生死，毅然告别亲人奔赴武汉、协同作战；还有多少白衣战士日日夜夜坚守在科研第一线，为药物与疫苗的研发而奋战！他们是英雄，用精湛的技术、崇高的医德、大爱的胸怀、无私的奉献与病毒作战、与死神抗争，挽救了一个又一个生命，践行医者的神圣使命，诠释大爱无疆的医者精神，传承着"救死扶伤、医者仁心"的崇高品质，用鲜血与汗水谱写出了现代医学科学中人文内涵最高尚、最珍贵的诗篇。

三、重启优化医学科学的人文内涵

痛定思痛。很多医护工作人员在一线与病毒作斗争。与此同时，在医务人员抗疫过程中，也出现了患者对医护人员进行"施暴"的现象。是否在疫情过去后，白衣战士又变成了"白眼狼"？是否在疫情后投报医学专业的高校考生不增反减？这些都是我被问及的问题。

闻玉梅院士为《科技导报》"2020全国科技工作者日专刊"题词

健康所系，性命相托，医学人文教育不仅是一项长期、重点教育工作，也是全民的健康运动。不断继续加强医学人文教育，是提高从医人员与人民群众科学与素质教育的重要举措，也是科学地建设健康中国不可或缺的内容。要宣传医学科学的特殊性，即从医者所面对的是人、是生命。生命对一个人是最宝贵的，所以从医者必须以高度的责任感对待医学事业、以十分关切的仁爱之心对待所有需要帮助的人，否则就不配从医。对于人民群众，要教育他们理解：即使医学科学发展至能更好地治病，但医学科学不能保证救命。生老病死是客观规律，没有长生不老的灵药。

今后的医学科学发展中要注意处理好：1）人与机器（器械）的关系，机器人不可能取代医生；2）专科与综合的关系，既要有专科，也要具有综合处理的能力；3）预防与治疗的关系，健康教育是从医之本；4）重视实践与上升为理论的关系，要细心观察、小心取证，探索规律、不断创新。

生命短暂而神圣，有温度的医学抚慰才能让生命更美好。

（2020年5月于上海）

（责任编辑　卫夏雯）

曾毅：与病毒战斗一辈子

■ 黎润红（北京大学医学人文学院）
王承志（中国科学院生物物理研究所）
靳亚男（北京大学医学人文学院）

曾毅（1929—2020），广东揭西人。1952年毕业于上海第一医学院。1956—1960年从事脊髓灰质炎病毒、减毒性疫苗免疫、肠道病毒、麻疹病毒的研究。1960年起从事肿瘤病毒研究。从1973年开始研究EB病毒与鼻咽癌的关系，建立了一系列鼻咽癌的血清学诊断方法，并获得卫生部的试剂生产证。在国内首次研究了HTLV-1病毒在我国的分布及其与成年人T淋巴细胞白血病及神经系统疾病的关系；研究HPV与宫颈癌的关系等。从1984年起开展艾滋病病毒（HIV）和艾滋病的研究，1987年分离到第一个中国的HIV-1毒株；进行HIV-1分子流行病学的研究，建立了HIV的快速诊断方法，快速诊断试剂盒获卫生部批准。中国科学院院士，法国国家医学科学院外籍院士，俄罗斯医学科学院外籍院士，美国马里兰大学人类病毒研究所兼职教授。

一个上了"黑名单"的热血青年

曾毅，原名曾汉忠，1929年3月8日出生于粤东揭西县五经富镇。5岁开始上小学，从小非常喜欢读书，成绩一直很优秀，1941年入经富中学读书。1943年1月考入广东省名校梅县东山中学读高中，该校以上乘的教学质量闻名，叶剑英元帅曾是这所学校的学生。梅县离五经富镇较远，每学期开学时，曾毅都要步行3天才能赶到学校。受母亲家族的影响，曾毅立志学医。1946年夏天，年仅17岁的曾毅从汕头乘坐货轮前往上海参加考试，结果因货轮在路上时间较长、到达上海时间太晚而错过上海医学院的入学考试，转而考取了复旦大学商学院的统计专业。

1946年6月底，全国解放战争正式开始，国内形势混乱，尤其是上海。曾毅原本属于安静思考、认真读书、不算特别活跃的学生，进入复旦大学后，受老乡——著名地下党员邹剑秋（当时为复旦大学"据点"领导核心小组成员）的影响，积极参与学生运动。曾毅的大哥当时在暨南大学，也是进步青年，

1947年被国民党逮捕。在暨南大学大批进步青年被捕的同时，曾毅也因为参与学生运动上了"黑名单"，接到复旦大学地下党的通知进行转移。等回到学校的时候发现每个班都有特务。曾毅想着反正自己的理想是学医，于是就离开复旦大学去了上海医学院，正好赶上了1947年夏天的上海医学院考试且一举成功。入学后，曾毅继续受邹剑秋的影响，加入党的外围组织——枫林社。大学期间，曾毅仍然积极地参加社会活动。1949年4月26日，原本已经在校外躲了一段时间的曾毅回到学校宿舍，结果一回去就被特务盯上，随即被逮捕。当天晚上，与曾毅一同被捕的还有同校的12名学生，后因上海解放得以逃脱。逃脱后，曾毅在老乡的帮助下在医院太平间躲藏数日后，才回到学校得以继续完成学业。根据上海市档案馆的资料显示，当年4月26日国民党淞沪警备司令部准备抓捕的上海医学院学生有33人，这33人都上了由上海公安局侦查二处提供的黑名单，大部分学生名单中都有籍贯、校内外详细地址以及曾经参与过的学生活动等信息，甚至还有几位同学有被注明"抓到后应予枪决"的备案。在抗美援朝前夕，曾毅还参与动员师生参加抗美援朝战争，这些经历对他日后的成长和发展起到了正面的推动作用。

选择最需要的专业，到最艰苦的地方去

1949年中华人民共和国成立，国内百废待兴，加之抗美援朝战争开始，国家急需培养大批的医药卫生人才，卫生部决定在几所著名的医学院校举办高级师资培训班，毕业后做医学院教师。1952年毕业后，曾毅选择在上海医学院的高级师资班学习微生物，这个班共有5位同学，来自不同学校，由林飞卿教授和陈鸿珊教授亲自授课，半年学习微生物知识和技术，半年带学生实习，这为曾毅打开了通往一生成就的大门。

大学期间，曾毅在学校里做团的工作，认识了比他小一届学药理的李泽琳。李泽琳后来成为药理学家，青蒿素药理、作用机理、毒理的主要研究者。两人因志趣相投，于1951年开始恋爱，不过这并未影响他们的学业。曾毅1953年高级师资培训班毕业后，正好李泽琳也毕业，两人选择到最艰苦的地方——海南岛。

当时，李泽琳还在山东新华制药厂实习，曾毅告诉李泽琳学校分配他到海南，去最艰苦的地方，并对李泽琳说："我打听了，你们班上没有去海南岛的名额。咱们结婚算了，结婚了还可以照顾。"李泽琳就这样嫁给了曾毅，两人在山东领取了结婚证，并且在实习同学的见证下举办了一个简单的婚礼，学校给李泽琳找了一个去海南的名额。就这样，两人开始了相濡以沫几十年如一日的生活。工作是两人的重心，从1953年在一起到2016年9月李泽琳离世的63年间，两人风雨相伴，生活上相互照顾，工作中相互支持。

当年到海南的任务是将海南卫生学校筹建为一个专科学校，上海医学院共分去了18名学生，结果刚到海南的第二个月，一场12级的台风将原本就是茅草屋的学校掀翻了。当年年底，华南党委决定停办医专，于是一行人中有一大半被重新分配到华南医学院（也就是后来的中山医学院）。曾毅在微生物教研室任助教，开始开展钩端螺旋体、恙虫病立克次体等方面的研究工作，李泽琳则在药理系。1955年，李泽琳被选拔到中医研究院（现中国中医科学院）进修，因中医研究院刚成立不久，急需人才，而李泽琳是上海医学院药理专业的，因此被留在了北京。一年之后，曾毅也调到北京的中国医学科学院微生物系病毒室从事病毒研究工作，师从著名的病毒学家黄祯祥教授。在病毒室，他最开始研究脊髓灰质炎病毒和肠道病毒。1957—1959年，他和院所的同事们一起首次在国内各地进行脊髓灰质炎病毒型别的流行病学调查，对不同城市脊髓灰质炎病毒进行分离与鉴定，后来又参与了顾方舟教授组的一些关于脊髓灰质炎减毒活疫苗的免疫等相关工作并取得成功。

五十年磨一剑——肿瘤病毒，情系一生

1959年，组织选派曾毅留苏深造，曾毅觉得应该趁此机会到国外学习新的领域。在他看来，很多动物肿瘤是由病毒引起的，当时曾毅就开始思考既然很多动物的肿瘤是病毒引起的，那么人的肿瘤是不是也是由病毒引起的呢？那时候还没有任何关于人的肿瘤的学说。国家计划派遣曾毅赴苏留学，曾毅选择了苏联最好的动物肿瘤病毒学家做导师。但是，由于中苏关系破裂，虽然学习

了俄语，做了一年多的准备，曾毅去苏联的计划搁浅了，但研究肿瘤病毒的方向却保留了下来。

20世纪60年代初，曾毅开始肿瘤病毒的研究。他先研究了多瘤病毒、腺病毒、鸡白血病病毒等。他首次发现我国母鸡带

曾毅在实验室工作

淋巴白血病病毒的阳性率很高，鸡蛋中病毒阳性率高达80%。后来，他应用活淋巴细胞白血病病毒免疫带病毒的母鸡，打破免疫耐受性，使鸡获得高滴度的中和抗体，使鸡蛋的带毒率大大下降甚至转为阴性，为建立不带淋巴白血病病毒的鸡群提供了有效措施。同类的工作，国外在七年后才有报道。

EB病毒与鼻咽癌

EB病毒（Epstein-Barr Virus）又称人类疱疹病毒Ⅳ型，是以其发现者M. A. Epstein和Y. M. Barr两人的名字命名的。1966年，美国学者L. J. Old等应用免疫扩散试验，首次发现EB病毒与鼻咽癌存在着血清学关系。随后，其他研究者应用血清学、病毒学、分子生物学技术证实了EB病毒与鼻咽癌血清学的关系密切，而且具有一定的特异性。

鼻咽癌是人鼻咽部的恶性肿瘤，是东南亚和我国南方几省市的常见肿瘤，广东、广西更是高发区。鼻咽癌患者90%以上是30岁以上的青壮年，男性多见。与其他大部分癌症一样，鼻咽癌的病因不明，而且早期难以发现，晚期难以治疗，病死率很高。因此，早发现、早诊断、早治疗对鼻咽癌患者尤为重要。

曾毅从20世纪60年代开始研究病毒与肿瘤的关系，他有临床医学的背景，又长期从事基础研究，十分重视运用基础研究来解决实际问题。他认为做医学基础研究，最重要的是解决患者的痛苦、挽救患者的生命。因此，曾毅坚持科

学研究与疾病防治相结合的方针,致力将EB病毒的研究用于鼻咽癌的早期诊断和预防。

1973年,经过充分的思考和反复比较,作为阐明癌症的病毒病因的突破口,曾毅决定研究EB病毒与鼻咽癌的关系。1974年,他作为客座研究员到英国格拉斯的病毒研究所研究肿瘤病毒,一年后回国,继续从事该项研究,一做就做了四十多年。

20世纪70年代初,医学家们对EB病毒在鼻咽癌发展中所起的作用存在不同看法。一部分学者认为,EB病毒只在细胞已经发生癌变后才感染,在鼻咽癌的发生上不起作用,只是"过客"而已。

为了研究EB病毒与鼻咽癌的关系,国外学者很早就试图建立鼻咽癌体外培养的上皮细胞株,但并未获得成功。曾毅等通过血清学研究发现EB病毒与鼻咽癌关系密切,1976年在国际上首次建立了第一株鼻咽癌高分化癌细胞株(CNE-1),1980年又建立了国际上第一个低分化癌细胞株(CNE-2),1987

1977年,曾毅与法国科学院Guy de The院士考察梧州市鼻咽癌发病情况,开始筹划建设肿瘤防治机构

年又从裸鼠的鼻咽移植癌建立了转移鼻咽癌细胞株（CNE-3）。刚开始在检查细胞株内EB病毒DNA时，曾毅遇到一些挫折，后来采用更敏感的方法证实这些细胞株都有EB病毒DNA存在，甚至所有克隆细胞株都有EB病毒潜伏膜蛋白1（LMP1）基因的存在。这些都充分证明了EB病毒在鼻咽癌的发展中起着重要作用。

要想早发现，首先要有敏感性和特异性高的早期诊断方法。为此，曾毅在1976年引进了国外检测EB病毒免疫球蛋白A抗体（IgA）的免疫荧光法，但此法须用价格昂贵的荧光显微镜来检查，在基层无法推广。经过一年多的潜心研究，曾毅等于1977年建立了免疫酶法。此法通过检测人血清中EB病毒壳抗原（viral capsid antigen，VCA）的IgA抗体（简称IgA/VCA），可查出早期鼻咽癌疑似病例，方法简便，用普通光学显微镜即可。以后又相继建立了能检测特异性更高的EB病毒早期抗原（early antigen，EA）IgA抗体（IgA/EA）及其他抗原IgA和IgG抗体的方法，提高了阳性检出率。

1978年，曾毅与广西壮族自治区相关机构合作，在苍梧县和梧州市建立了国际上第一个开展鼻咽癌前瞻性研究的现场，由曾毅实验室、梧州市肿瘤研究所、苍梧县鼻咽癌防治所的科研人员以及广西壮族自治区人民医院的医务人员一起组成医疗小分队，深入工厂、农村开展血清学普查工作。曾毅几乎每年都下现场，在当时艰苦的条件下，他们经常是白天采血、晚上在实验室进行检测。在苍梧县和梧州市，门诊查出的主要是晚期患者（70%~80%），早期患者仅为20%~30%；而血清学普查发现的主要是早期患者，早期诊断率达80%~90%。这是一个具有重大意义的突破，证明了应用血清学普查可以发现早期鼻咽癌患者。

通过早发现、早诊断和早治疗，可显著提高患者的生存率，如在梧州市普查出的鼻咽癌患者的10年生存率达60%，而门诊查出的患者的10年生存率仅为30%。

现场研究的成功开创了鼻咽癌防治的新篇章，也为曾毅在国内外赢得了荣誉。但作为一名科学家，曾毅深知"万里长征刚刚走完第一步"，在中国鼻咽癌的高发区不只是梧州市和苍梧县，现场研究的目的之一是推动全民防治鼻咽癌。为此，他们在广西、广东乃至全国大力开展了上百万人的普查，并成功劝说很多医院将此作为常规检测，从而挽救了很多患者的生命。

1970—1975 年，曾毅等组成的南方五省鼻咽癌防治研究协作组通过对南方五省 453 个县市的 1.7 亿人口进行死亡回顾调查，发现鼻咽癌最高发的区域是广东省中部以及临近的县市，广东省鼻咽癌高发区人群的 EB 病毒抗体几何平均滴度显著高于低发区。通过观察与比较，曾毅等提出要对鼻咽癌的发生过程中的环境、遗传等多方面因素做深入调查，才能进一步找到其中相互作用的关系。后来，曾毅等在苍梧、梧州及其他地区对常见中草药和一些植物进行调查，结果发现多种中草药和一些食物中含有 EB 病毒激活物或者促癌物；同时一些食物中的诱导物是水溶性的，而不像经典的促癌物 TPA 那样是脂溶性的。这当时在国际上也是新发现。

综合这几方面的研究，曾毅提出了鼻咽癌病因的假说：遗传因素和免疫力是鼻咽癌发生的基础，EB 病毒在鼻咽癌发展中起病因作用，但不是唯一的因素，促癌物和/或致癌物起协同作用。为证实这一假说，曾毅等进行了一系列实验研究。最终，在国际上首次应用 EB 病毒在促癌物和/或致癌物的协同作用下诱发出人鼻咽部上皮细胞癌变，是鼻咽癌研究的重大突破，证明了 EB 病毒是鼻咽癌的重要病因。

1977 年，曾毅在苍梧县鼻咽癌防治研究所培训当地医务人员

漫漫防艾路

艾滋病的身世至今仍是一个谜。1981年6月5日,美国疾病控制中心报道,洛杉矶加州大学医学中心发现一例男性同性恋患者有奇特的疾病,同时美国疾病控制中心发表的《病死率和发病率周报》第一次报道了一种"可能是细胞免疫功能紊乱"的疾病。1982年,这种新发现的疾病被正式命名为获得性免疫缺陷综合征(acquired immunodeficiency syndrome,AIDS)。

当时正值改革开放初期,各国人员的往来不断增加,曾毅得知美国报道的第一时间就意识到这种严重的传染病迟早会传入中国,关键要加强防范,以免成灾。他一方面注视着国外的发展动向,做积极的知识与技术储备;另一方面积极开展调查研究工作,警惕艾滋病的传入。自1983年3月蒙塔尼等宣布成功分离到淋巴腺病相关性病毒后,曾毅就开始从法国、德国和日本引进相关材料,克服国内的重重困难,制备出了艾滋病病毒诊断试剂,建立了血清学检测方法(免疫酶与荧光检测法),并在1984年开展了艾滋病的血清学检测工作,收集不同地区正常人群的血清,涵盖城市与农村,未曾发现阳性患者。1985年,曾毅和浙江省人民医院及浙江省卫生防疫站合作调查,通过实验室研究发现1982年美国一家医药公司赠送给浙江省人民医院的第Ⅷ因子血浆制品一共注射了19位血友病患者,注射时间从1983年到1985年。他们把这些患者都找到,逐一进行血液检测,结果发现该公司同一个批号制剂注射的4位血友病患者都感染了艾滋病病毒。该结果表明艾滋病病毒于1982年就随被污染的第Ⅷ因子血浆制品来到了中国,1983年就感染了中国公民,不过发现的时间比1985年6月在北京协和医院发现的阿根廷患者稍微晚一点。1987年,曾毅等分离出我国第一株艾滋病病毒(HIV-1AC株),为深入研究病毒的

曾毅在做艾滋病性病防治的专题报告

特性、制备诊断试剂和研制疫苗创造了条件。特别是在 1995 年年初，应用此法在国内一些省市的单采血浆献血员中发现了艾滋病感染者。曾毅等研制的快速蛋白印记诊断试剂对短时间内及时了解单血浆污染造成艾滋病传播的范围、掌握和控制艾滋病疫情起到了重要作用。他们在全国举办了多个培训班，培养我国检测艾滋病感染的队伍。随后又开展了艾滋病的分子流行病学研究，并探索中医药治疗艾滋病。后来，曾毅担任中国预防性病艾滋病基金会会长和中华预防医学会会长，曾牵头组织其他院士和国内专家撰写《关于呈报"关于迅速遏制艾滋病在我国蔓延的呼吁"的报告》《关于全面加强艾滋病宣传教育和行为干预的建议》等，为我国艾滋病防治做了大量工作。

晚年由于身体原因，曾毅很多时间都住在医院，虽然每次探视的时间不能太久，但是每次去，他谈论最多的就是他开展的 HIV 疫苗以及 EB 病毒的治疗性疫苗的研究进展，最念念不忘的始终是实验室的工作。

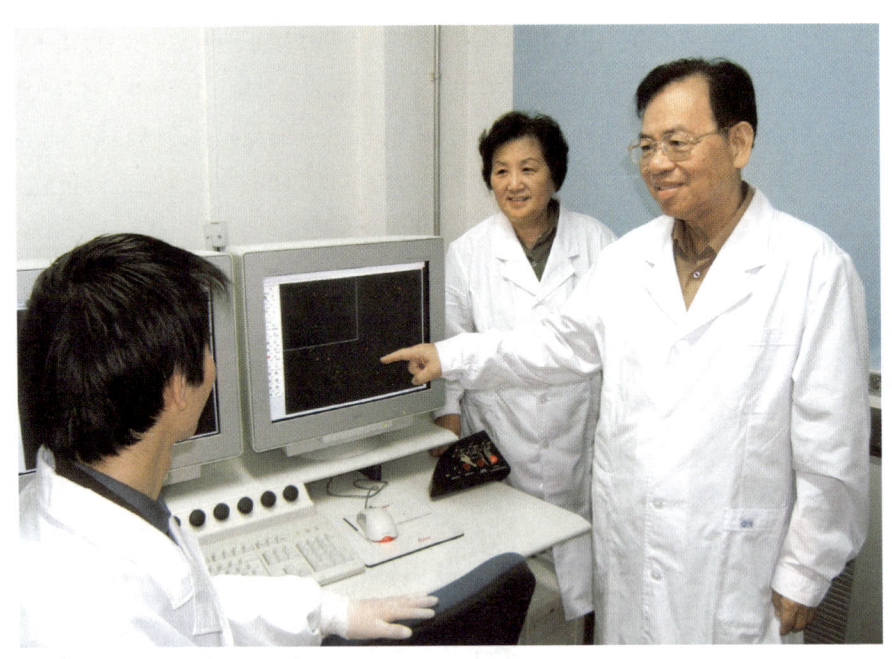

曾毅（右一）在实验室指导工作

相关阅读

德国慕尼黑大学 Pettenkofer 研究所分子肿瘤病毒研究室主任 Wolf 教授[①] 对曾毅的鼻咽癌研究工作的评价

我自 1970 年起，一直在从事 EB 病毒及其相关的鼻咽癌的研究工作，也一直密切地注视着该领域及有关方面的进展。现在确实取得了许多进展，但一个在实际工作中急待解决的测定 EB 病毒标记，如病毒特异性抗体方面的工作却长期缺欠。现在这一问题近几年已被曾毅教授的研究小组阐明了。

这项工作得到了世界范围的承认，并代表着不仅仅是 EB 病毒而且是整个肿瘤病毒领域的面向患者的基础研究的一项杰出成就。这一发现本身具有十分重大的实际意义，因为其可在发病 5 年前就检查出特异性抗体，并且查出的患者中 92% 是早期鼻咽癌，而不经此血清学检查的患者仅有 30% 是早期的。这一点之所以极为重要，是因为早期鼻咽癌患者的治愈率可达 70%～90%。该研究的设计及其最终结果的评价均是举世无双的，这已成为该领域所有科学家研究工作的一项非常重要的参考。另外，这项研究还为将来在基因工程等新技术方面的发展和投资的判断打下了基础。曾毅教授的小组正在将极大的热情和智慧投入这个研究领域。

这项研究属于最高级别的科学成果，应得到最高的赞誉。

汉斯·沃尔夫
1985 年 11 月 28 日于慕尼黑

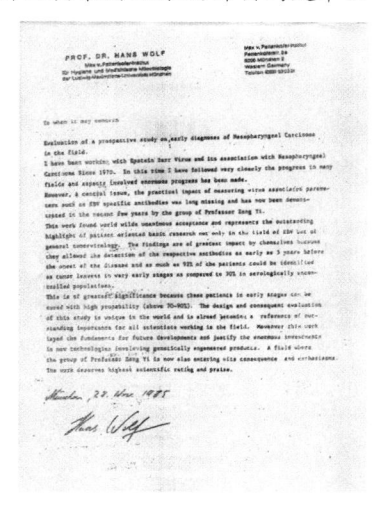

Hans Wolf 对曾毅的评价信

---

① Wolf 教授是第一个发现鼻咽癌细胞中有 EB 病毒 DNA 者。

翟中和：我相信"勤能补拙"

■ 张 硕（北京大学）

翟中和（1930— ），江苏溧阳人，细胞生物学家。1950—1951年在清华大学学习。1951—1956年留学苏联列宁格勒大学。1959—1961年在苏联科学院生物物理研究所进修。1984—1986年在美国麻省理工学院生物学系做访问教授。1991年当选中国科学院生命科学和医学学部委员（院士）。现为北京大学生命科学学院教授。

翟中和在我国较早建立了细胞超微结构技术，首次研制成鸭瘟细胞疫苗，在动物病毒复制与细胞结构关系的研究方面取得了突出成就。20世纪80年代以来，主要进行核骨架－核纤层－中间纤维体系、非细胞体系核重建、细胞凋亡等方面的研究，取得了许多创新成果。先后在国内外发表论文280余篇、专著15部。他主编的《细胞生物学》被评为全国高校优秀教材一等奖，是国内同类教材中影响最大的一部，已发行50余万册。

喜怒哀乐之未发，谓之中；发而皆中节，谓之和；中也者，天下之大本也；和也者，天下之达道也。致中和，天地位焉，万物育焉。

艰苦环境铸就良好素质

翟中和，1930年8月18日出生在江苏省溧阳与宜兴交界的一个农村水乡。8岁的时候，母亲因病去世，慈爱善良的祖母担起了抚养他的责任。翟中和7岁开始在当地一所非常偏僻而简陋的乡间初级小学接受启蒙教育。一位严厉的先生讲授小学1～4年级所有的课程，每个年级先生只能讲15分钟，其余的时间靠自学。艰苦的环境使翟中和从小就养成了独立学习与独立思考的习惯，这对他今后的发展产生了深远影响。

初小四年级，刚满10岁的翟中和就到离家3千米远的一所完全小学去读书。

那时正值抗日战争，四处兵荒马乱，家中的情况日渐困窘。他早晨只能喝一点粥，很早就要出发去学校。初冬的江南水乡，稻田在湿冷的空气中微微透出光芒，天空阴霾而低沉，常常大雨伴着骤风如注而下。10岁的翟中和光着脚丫，把油纸伞的伞柄顶在自己的肚子上，踩着泥泞的小路逆风走向学校。

初中的三年，时局依然动荡不安，翟中和转了三次学才读完初中。1946年，他考入江苏省立溧阳中学。高中时的翟中和除了对文学有兴趣，对其他学科并没有太明显的喜恶，各科成绩也比较均衡。他给自己的评价是："缺乏抽象逻辑思维的能力，推导公式的能力差，数理类或工程类不是我能力所及的专业。"在考大学前，他仔细考量了自己的优势和特点，并结合所处的环境，做出了大学进入生物学系学习的重要决定。填报高考志愿表时，翟中和一开始填写了北京师范大学生物系，同学无意中看到他的志愿表，便问他为何不报考清华大学，他想了想，觉得也可以，就涂掉了原来的志愿，重新填报上清华大学生物系。就这样，翟中和考入了清华大学。

翟中和的少年时代没有受到良好而系统的教育，但艰苦的条件锻炼了他自学自律的能力，培养了他承受巨大困难的心理素质和毅力。他从不怨天尤人，从无怀才不遇之悲，在任何情况下他都充满希望、勇往直前。

1950年，翟中和从江苏农村来到北京，进入清华大学，开始了他的大学生活。清华园的一切都使他感到陌生和神秘。"我第一次看到实验室和图书馆，第一次看到显微镜，第一次使用自来水和电灯……"。他在清华大学生物系的一年级就先后聆听了著名生物学家陈桢、赵以炳和沈同等教

早年的翟中和

授开设的普通生物学课程，李继侗教授讲授的植物学以及张青莲教授讲授的普通化学。这些知名教师把复杂的课程讲得深入浅出，引人入胜的内容将这位来自农村、穿着大褂的学生引入了一片崭新的天地。

1951年，翟中和通过了教育部选派苏联留学生的考试，作为新中国第一批公派留学生被派往苏联学习。临行前，周恩来总理在北京饭店宴请他们。翟中和至今仍清楚地记得刘少奇讲过的话："新中国刚建立，现在国家还很穷，打仗、

打天下是我们老一辈的责任,你们的责任就是建设祖国,所以在苏联学习要尽量考5分。"

翟中和被派往苏联列宁格勒大学生物系学习,他分外珍惜这个来之不易的学习机会,到了苏联一切都为了保证学业,其他的什么都不想。他的成绩单一目了然:除了一门历史唯物主义考了4分,其他44门课程全部考了5分。要知道他到苏联的时候是完全不懂俄语的,这个成绩的取得必然是付出了巨大的努力。1957年,苏联最高苏维埃主席团主席伏罗希洛夫到北京大学访问,翟中和给他当翻译,这位官员表扬他说:"你的口音很纯正!"

历经磨难,痴心不改

1952年院系调整,当时的清华大学生物系与北京大学动物学、植物学两系及燕京大学生物学系合并为新的北京大学生物学系。1956年,26岁的翟中和带着优秀毕业生的荣誉从列宁格勒大学毕业,被分配到北京大学生物学系任教,先后跟随李汝祺教授和沈同教授做助教,从事遗传学和放射生物学研究。

1959年,翟中和再次被派往苏联科学院生物物理研究所进修,主攻电子显微镜技术和生物电子显微学,师从弗兰克院士和别里科夫斯卡娅院士。别里科夫斯卡娅曾经是美国遗传学家穆勒的学生和助手,翟中和评价她"是一位真正的科学家",当时她已年逾60,但精力过人,对这位中国弟子言传身教、悉心指导,这些都对翟中和的学术研究产生了重要影响。翟中和在后来的回忆中认为"这段时间是我科学研究工作的真正入门"。应用电子显微镜研究细胞超微结构在当时是很先进的技术,这一选择使翟中和受益匪浅。在这之后的数十年里,他和他的学生、助手应用电子显微镜与其他技术相结合,在细胞生物学方面做了很多系统而有特色的工作,成为我国生物电子显微学的重要开拓者之一。

1961年,翟中和回到北京大学,次年任讲师。在当时的中国,科研条件极其简陋,加之政治运动不断,很多科学研究工作停滞不前,要做一点工作是很困难的。然而，翟中和最可贵的地方恰恰在于其在困难重重的条件下并没有放弃科学研究，反而以一种饱满向上的积极态度，因地制宜，在艰苦情况下创造条件，坚持做实验、做研究。

1969年，翟中和被下放到江西鲤鱼洲干校劳动锻炼。尽管感觉不公平，他仍然认真对待自己在干校里的"工作"——养猪和种水稻。他把猪养得又肥又壮，他作为班长的种稻班，水稻年年丰产，被称为"水稻丰产班"。因为表现突出，他被评为江西省劳动先进分子，还曾到井冈山参加省里的先进分子表彰大会。

1973年，翟中和回到北京。北京大学生物学系已经开始逐步恢复日常教学和科研工作，但工作条件和设备仍然很差。结合当时的特定条件，翟中和凭借对科研的热情和执着追求，历经10年的努力，在家禽、家畜致病病毒的分离、鉴定和疫苗研制方面做了很多有意义、有实践价值的工作，并"在畜牧兽医界小有名气"。在进行应用性科研工作的同时，翟中和对病毒细胞关系这一基础问题进行了深入探讨，利用电子显微镜等手段对多种致病病毒在细胞内的复制、装配及其与细胞超微结构的关系进行了系统研究，发表了60余篇论文，组成了一个有特色、有活力、有创造的科研集体，并为后来成立的细胞生物学专业打下了基础。

重学问，淡名利

20世纪80年代初期，中国真正迎来了"科学的春天"。而在此前的20多年，随着DNA双螺旋结构的发现，生物科学在国际上的发展异常迅猛。随着工作的不断深入，翟中和深感自己原来研究的超微结构形态学已经跟不上形势发展，需要在科研中引入分子生物学技术。基于这样的考虑，1985年到1986年，已经是教授和博士生导师的翟中和在55岁时第三次远赴海外求知。这次他在美国麻省理工学院生物学系佩曼（S. Penman）教授的实验室做访问教授，从事细胞核骨架及其与基因表达关系的研究。翟中和意识到我国的生命科学发展水平已经远远落后于国外，"只有不断调整方向与步伐才能跟上形势。选择先进的、有理论意义的又适合我们实际情况的科研课题成为我们继续前进的关键问题"。

在美国的学习时间只有短短的一年半，翟中和格外珍惜这个机会，争分夺秒地工作。忘我的工作也让翟中和付出了健康的代价，长期的饮食失调使他患上了糖尿病。他只能暂时依靠一些药物缓解病情，坚持在实验室里工作，就这样一直坚持到回国。即使是在这样的身体状况下，翟中和在美国的一年半时间发表了3篇论文。"我并不聪明，我最大的优势就是勤奋。我相信勤能补拙。"这是翟中和认为自己能在专业领域取得成绩最重要的原因。

从美国回来后，经过较长时间的分析与考虑，翟中和决定选择"细胞核骨架－核纤层－中间纤维体系"的研究作为主攻方向之一。当时业界对核骨架与核纤层是否存在存有争议，然而这一问题的研究对解释细胞核与染色体的结构与功能会产生新的概念。历经10多年的艰苦奋战，翟中和与他的研究生在这一领域的研究真正与世界接轨了，此后他们的研究工作步入系统性，先后发表50多篇论文，其中多篇论文被国外反复引用。

1991年，翟中和当选中国科学院学部委员（院士），在这之后，他除了科学研究，还多了很多事务性的工作。他在自己的办公室里挂了一幅字，上书："重学问，淡名利"六个大字，提醒自己以做学问为重中之重。这时的翟中和仍然坚持指导学生，包括在实验室做论文的本科生的工作，他都要过问，并亲自帮他们修改论文、听预答辩。

从1978年北京大学建立细胞生物学专业至今，在翟中和的带领下，从建立学科、开设细胞生物学课程，到建立博士点、成立细胞生物学研究所，再到现在建立教育部重点实验室，北京大学的细胞生物学从无到有，成为现在中国高校中实力最强的学科。

翟中和对于科学的发展有着卓越的预见能力和坚定的执着信念，对科学上的新东西有极大的兴趣，而且不怕付出任何代价。即使在20世纪六七十年代，他仍然坚持研究，充分利用一切可能的条件，在有限的条件下做一些工作。科学的春天到来后，他又有新的想法，编写教材、建设学科、抓科学研究。

早在20世纪70年代，翟中和就强调当老师必须做研究，只有搞好研究才能更好地服务教学。在当时，很多老师不重视实验研究，但翟中和特别重视将理论教学和实践教学、实验教学结合起来。把教学工作做好,并最终把教学经验积累起来,写几本能够影响一两代人的教科书,这是翟中和的一个理想,也是他的教学理念。

这个想法在 20 世纪 80 年代得以实施。1995 年,翟中和编写了《细胞生物学》一书,由高等教育出版社印刷了 9 万多册。如今,《细胞生物学》已经再版三次,平均每年销售 5 万册,有 270 个学校的专业和相关专业学生都在使用这本教材,是国内同类书籍中影响最大的。其中,高等教育出版社 2000 年版的《细胞生物学》还获得了 2002 年全国普通高等学校优秀教材奖一等奖。

翟中和的许多工作都围绕着北京大学细胞生物学科的发展和建设。作为学科带头人,他无疑是这个学科的核心,他不仅

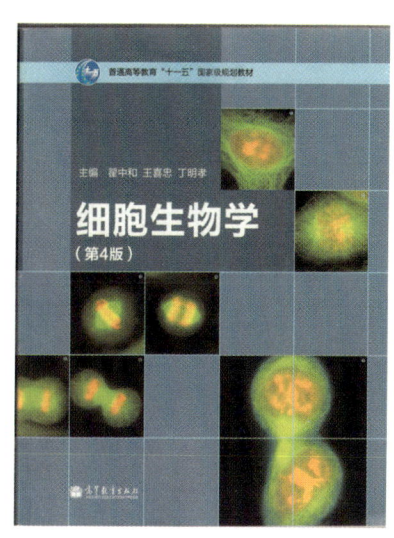

翟中和主持编写的《细胞生物学》(第 4 版)

专注于自己的研究,更把大量的心血放在了学院、学科的整体发展上。翟中和还很重视对青年科研力量的培养,他常常教导自己的学生,提醒他们为年轻人的发展考虑,多注意对年轻人的培养,给还需要提高的老师多些支持、多些建议、多些帮助,让他们尽快成长起来。

124,我们共同的名字

2000 年,70 岁的翟中和仍孜孜不倦地工作着,一方面,为学校讲课、扶持地方院校的学科建设;另一方面,担任中国科学院学部常委、教育部生物学教学指导委员会副主任、北京市学位委员会副主任,并担任"长江学者奖励计划""国家杰出青年科学基金""国家最高科学技术奖"等的评审专家,其他的学术兼职更是难以计数。每天的繁忙让人总是以为他还是个年轻人。直到有一天,

当他出席完博士生答辩会后,走下楼梯时突然感觉天旋地转,同时不停地呕吐。被同事送到医院时,他已无法清楚流利地讲话,无法看清东西。经诊断确诊为脑血栓。这之后的两年,他又因同样的病症先后住院两次。

翟中和虽不能亲自参加科研工作了,但他培养起来的学生"已经不是一支队伍,已经是一个阵营了"。翟中和1978年开始招收第一批硕士研究生,1985年成为博士生导师,30多年来指导了80余名硕士生、博士生和博士后。他的学生中有10位在北京大学做教授、副教授,10多位在国内其他院校或研究所做教授、副教授,还有10多位在国外做教授、副教授或助理教授及杂志总编辑。还有几位任公司总经理或厂长。

这些学生团结在翟中和的身边。2007年,细胞生物学实验室被评为全国优秀集体,这个集体有个代号叫作"124",124是他们朝夕相处、做研究工作共同使用的老生物楼的大实验室。一批批的学生从这里走出去,在海外他们写信回来总是深情地"问候124,怀念124"。这些学生从翟中和身上学到的不仅是科学知识,更多的是勤奋、严谨的治学态度和教育学生的理念。

相关阅读

涓涓师生情

焦仁杰[1]　张传茂[2]　陈建国[2]　张　博[2]

(1.中国科学院生物物理研究所;2.北京大学)

在翟老师迎来八十大寿的时候,作为他昔日的学生、今日的同事、永远的朋友,我们深深地祝福他和杨老师身体健康、幸福长寿的同时,对一些深印在脑海中的往事想写下来与读者分享,以使这些故事可以影响更多的人,特别是让更多年轻的学子可以从中受益。同时也可以使年轻的科研工作者、年轻的学术带头人们在遴选科研课题、处理与学生的关系等方面受到启发。

我们几个(张传茂、陈建国、焦仁杰、张博)当中,陈建国最早认识翟老师，不是因为他年龄最大，而是由于工作原因：在20世纪七八十年代，当很多中国人刚从"文化大革命"的动荡中走出来，还有点朦朦胧胧的时候，翟老师已经在病毒发生的规律以及病毒发生与宿主细胞关系方面做了大量的研究工作，并且成为中国在这一研究领域的权威性专家。此时，在浙江农业大学就读硕士研究生的陈建国在电镜放射自显影实验方面遇到困难，去信求助翟老师，很快得到翟老师的回信，并被接纳到北京大学生物楼124实验室学习该技术。翟老师手把手地传授超电镜技术，并亲自动手做了数天的超薄切片和电镜观察分析。在以后长达数年的合作研究工作中，翟老师给予的不仅仅是技术上的支持，更多的是在人生观和科学素质方面的言传身教。就这样，陈建国于1989年被吸引来到未名湖畔的翟老师实验室攻读博士学位。同一年，张传茂也成了翟老师的博士研究生。当时，翟老师更具前瞻性的思想是认为细胞生物学将是生命科学的前沿学科之一，因此他早在20世纪70年代末就在北京大学成立了细胞生物学专业，并领导组织相关教学与科研队伍。他这一时期的研究已经将病毒的发生与细胞骨架（包括核骨架）的功能联系到了一起，并且应用的是当时很先进的研究技术，如整装分级抽提技术结合各种电镜技术，以及分子生物学技术显示中间纤维－核纤层－核骨架的细胞内网络体系的结构、成分与功能。焦仁杰和张博就是被他在这一领域开创性的研究成果吸引到他实验室读研究生的。在20世纪80年代末、90年代初，翟老师与他的学生们还在实验室开辟了卓有特色、与时俱进的体外构建细胞核的研究。这期间，张传茂、蔡树涛、张博等直接体验、见证了翟老师勇于创新、永不驻足的科研精神。一个大雪皑皑的夜晚，时过十点，翟老师才离开实验室。担心路滑，张传茂执意送翟老师回家。翟老师到了家门而不入，又执意送张传茂回实验室。这样来回三遭，他们边谈工作、边拉家常，串串雪中脚印也印证了翟老师与学生的师生情谊。

翟老师对学生的爱护同时体现在科研与生活中，并且是科研与生活相结合。为了总是站在科学研究领域的前沿，同时也为了让自己的学生能最快地把握本领域研究的最新动向与技术，他先后将陈建国派到世界上做细胞骨架最好的实验室——Hirakawa实验室做博士生联合培养；将张传茂派到世界上最好的细胞核重建实验室——Clarke 实验室做博士后研究；将张博派到美国科学院院士 Hans Ris 实验室学习当时非常先进的高分辨率低压扫描电镜技术，这项技术对当时翟老师实验室的核重建课题很重要；翟老师在 20 世纪 90 年代初除了强调细胞生物学在生命科学领域的重要地位外，开始深深意识到生物学研究最终要解决的问题是发育生物学的问题，于是他于 1994 年派送当时硕士研究生毕业留校任教的焦仁杰到知名的果蝇分子遗传与发育生物学实验室——M. Noll 实验室攻读博士学位。

翟老师对科学研究新趋势的高度敏感还可以从以下几件"小事"中体现出来：1995 年 10 月，每年一度的诺贝尔奖揭晓，当年生理学或医学奖授予了对揭示果蝇早期胚胎发育遗传调控规律做出重要贡献的 Christiane Nüsslein-Volhard、Eric F. Wieschaus 和 Edward B. Lewis 三位科学家。翟老师在第一时间便联系上当时正在苏黎世大学从事果蝇分子遗传发育研究的焦仁杰，请他将这一消息写一个中文介绍（评论）在国内发表，以使国内的科研工作者、青年学生在第一时间了解相关内容。记得当时在中国从事果蝇分子遗传与发育生物学的同事几乎为零。当今在国内从事相关研究的实验室已多达四五十个。这是中国生物学研究 15 年来的巨大变化之一。也是在 1995 年年底、1996 年年初，在焦仁杰从苏黎世回国探亲时与翟老师的一席谈话中感觉到翟老师对当时生物学研究前沿的把握，他当时深深地意识到细胞内信号转导在机体发育过程中的调控作用。

翟老师对学生们的关怀还体现在日常生活中。焦仁杰上研究生的第一年因为身体原因休学一年。此后，在实验室翟老师见面后问的第一句话总是问身体怎么样，然后才是工作上的事情。张博生了孩子后，翟老师亲自去医院和家中探望，工作繁忙时也要委派实验室的年轻人代为问候。张博在瑞士进修期间，她的父亲突发脑出血，翟老师竭尽全力联系安排住院，赢得了宝贵的治疗时间。类似的关怀之情不胜枚举。翟老师对学生们的生活关心备至，但是却很少对自己的工作与生活条件斤斤计较。翟老师的实验室曾经数次易址，仅我们做学生时就经历过从老生物楼 310 到 124、再从老生物楼 124 到生命中心 306 的变迁。当然，每一翟中和：我相信"勤能补拙"

1996年8月2日，翟中和的学生们为其庆祝生日

次变动都伴随着实验条件与工作环境的改善，但是，翟老师却始终没有为自己争取一间独立的办公室，总是跟学生"打成一片"，即使是当选院士后，他的办公桌也依然摆放在实验室的一角，直到2003年生命科学院大部分科研实验室整体搬迁到新落成的金光生命科学大楼，大部分学术带头人都有了独立的办公空间之后，翟老师才"入乡随俗"，有了专用的办公室。

总之，翟老师对学生的关怀可谓无微不至，在我们成为老师之后，翟老师仍然把我们时刻挂在心上，依然关心着我们的每一步成长。就像做了父母之后才会更深刻地懂得父母对儿女之爱的无私与伟大，我们在自己有了学生之后，更加深深体会到翟老师对我们全方位的关爱与付出所饱含的深情厚谊。这种师生情谊曾经在许多重要的时刻陪伴着我们，给我们以不可替代的力量；这种师生情谊还会继续激励我们不断进取，激励我们用勤奋和努力来回报这不求回报的关心与爱护。

康振黄：让生命之花灿烂

■ 韩 锋　曹文翰（西南交通大学）

康振黄（1920—2018），工程流体力学家，我国早期生物力学的开拓者之一。1938年考取国立中央大学航空系。1942年进入中国滑翔总会中央滑翔机制造厂。1944年受聘中央大学航空系。1947年考取美国纽约大学研究生院，取得硕士学位。1949年任西南工业专科学校教授兼航空工程科主任。1952年任成都工学院院长、教授。1978年后转而从事新兴交叉学科生物力学的研究，领衔建立了我国最早的生物力学实验室，是我国首批生物力学学科硕士生、博士生导师之一。1982年任成都科技大学副校长。为成都印染厂研制成功气体烧毛机双喷射式火口，1983年获国家发明三等奖。在生物力学领域对心脏瓣膜研究中取得三大具有开拓性的成果——在国际上首次创立心脏瓣膜流体动力学新学科；提出双叶翼型人工心脏瓣膜的设计思想和原理以及据此研制成功人工心脏瓣膜；提出新的人体心脏瓣膜的关闭理论。

志在航空救国

康振黄1920年6月出生于山西省五台县。1931年考入太原平民中学。1937年高中毕业后，他怀着美好的憧憬，准备乘火车去北京报考大学，不料"卢沟桥事变"打碎了他的梦想。他和家人汇入了逃难的人流。1938年，在南下流亡途中，康振黄参加了国立中央大学在武昌招生点的考试，考取航空系。入读中央大学以后，全家也在重庆定居下来。国难当头，有一个读书的地方是他最大的愿望。怀揣着航空救国的理想，顶着日军频繁的大轰炸，他在重庆苦读4年。在学习中，由于受到航空系柏实义等一批新秀教授的影响，他对空气动力学产生了浓厚兴趣，打下了坚实的理论基础，为其日后从事应用力学研究奠定了基础。

1944年在中央大学航空工程系任教期间，在著名的空气动力学、流体力学专家兼导师柏实义的指导下，康振黄针对飞机因速度增大引起的翼面稳定性问题而发生事故的情况，根据空气动力学原理提出了一种新的减小颤振的理论分析方法，并应用于飞机设计过程。据此，他撰写完成了他的第一篇论文《飞机翼面飘动之研究》。这项研究成果后来在中国工程师年会上发表，获得国防科技研究奖。从此他初露才华，引起了航空界的重视。

1947年12月，康振黄辞去大学教师职务，卖掉了在太原的一所祖产作盘缠，赴美国纽约大学研究生院继续深造航空动力学。在那里，他进一步深入对空气动力学和飞机结构的学习，同时选修新开设的燃气涡轮机和火箭飞行理论。纽约大学资料丰富，学术交流活跃，扩大了他的学术视野，对他以后从事研究工作影响很深。1949年1月毕业取得硕士学位后，他立即回到祖国。

1949年10月，康振黄任西南工业专科学校教授兼航空工程科主任，从事有关航空工程的教学和研究工作。1951年3月，在全国高校院系调整中，西南工业专科学校航空工程科并入四川大学航空系，他随即调入四川大学，但该校航空系随即调整进入北京航空学院，而他只身被留在四川大学，任工学院院长等职。

没有了航空专业，康振黄一面转而讲授工程力学方面的课程，一面做行政工作。但他放不下钟爱的航空事业，在工作之余，他连续翻译出版了3部国外著名的火箭方面的专著，于1959年起陆续出版，其中的一些重要内容曾被国内知名学者引用。

瞄准国际新兴边缘学科

1978年国家实行改革开放以后，国外新的研究领域和研究成果不断传递进来，当时已年近六旬的康振黄壮心勃发，十分珍惜这来之不易的大好机遇，潜心研究和思考国际最前沿的研究领域和方向。他把眼光定格在不同学科之间的交叉与融合的新学科，瞄准了国际上刚刚兴起的生物力学这个边缘学科。他对同事们说，"我们就去找那个世界前沿的，人家没有解决或正在解决的，我们就搞这个，不能跟在人家的后面走。"

现代生物力学大约起源于 20 世纪 60 年代末。1967 年召开了第一次国际生物力学学术讨论会。1973 年成立了国际生物力学学会，标志着生物力学学科的正式建立。

选准了研究方向后，康振黄采取了在当时非同寻常、具有开拓性的举措来推动这门学科在中国的研究与发展。他组织开展科研攻关，在队伍的组建上实行自愿组合、来去自由，靠事业凝聚人心。校内外一批有志于献身新学科的研究人员纷纷投其门下。系党总支副书记陈君楷等几位力学系教师率先响应参与进来。紧接着，生物材料、化工机械、心外科、基础医学、计算机的有关研究人员陆续汇聚到这里。这是一个综合性、多科性的理、工、医结合的课题，他们是我国较早使用计算机来进行实验控制和数据处理的研究团队。

在校内，康振黄组织工程力学、高分子材料、化学工程、电子技术系实行跨系、跨学科的横向联合；在校际，他联合省内的大学、研究所进行联合攻关，广邀有关大专院校的理、工、医学工作者为这门学科的发展献计献策。特别是与毗邻的华西医科大学以吴和光教授为首的生理学、胸外科、骨科、口腔科的医生合作，在两校之间建立了生物医学工程联合研究委员会，开展紧密型的理、工、医跨校、跨系、跨学科的生物医学工程联合研究。以此为基础，与他们建立了长期稳定的合作关系。这在 20 世纪 70 年代末、80 年代初来说是极为罕见的。

他山之石可以攻玉。康振黄还把视野投向了国外，他极为重视与国际同行的学习和交流。从 1979 年年末开始，现代生物力学创始人、美国加州大学圣地亚哥分校教授冯元桢率先来到中国，推动了生物力学研究在中国的起步。随后，美国著名生物力学家毛昭宪、黄焕常、Huiskes 等先后来成都访问，康振黄与他们进行了广泛的学术交流。他还同欧洲、日本在生物力学研究方面走在前列的同行建立了广泛的学术联系。短短几年间，国外来校讲学和访问的生物力学专家达 30 余人次，他们在教师和研究生培养、实验室建设、图书资料等方面给予了很大的帮助。1981 年，在康振黄、吴和光教授的联系和组织下，以著名生物医学材料专家乐以伦教授为团长的"四川省人工心脏瓣膜考察团"到美国访问，广泛地学习、吸收国外的先进经验。同时，这个团队的其他研究人员也经常出席国际学术会议，促进学术交流，派出人员学习，使得他们进步很快。

联合攻关和广泛学习交流的优势很快显现出来，康振黄的研究团队在短短七八年时间获得了丰硕的成果：自 1979 年起，成都科技大学成为在全国最先建立起相当规模的生物力学实验研究室的大学之一，生物力学学科建设获得了很大发展，培养出一支有较高学术水平的科研队伍，有的成员已成为我国目前这一领域的领军人物；开展了生物流体力学、生物固体力学、运动生物力学等多方面的研究，并形成了心血管系统血流动力学，心血管系统人工器官，骨、软组织生物力学及临床应用，生物系统及力学模拟系统的信息、控制与数据处理等多个有特色的稳定的研究方向；承担了 10 余项国家和省的重点研究项目，完成了一批在国内外有影响的科学论文和成果，先后 10 余次在国际学术会议上宣读论文。生物力学学科的发展还带动了校内医用高分子材料、医用热解碳材料、人工器官、生物信息与控制等多个新兴学科的迅速发展，形成了多学科综合研究和人才培养体系。这些学科在今天仍然是尖端热门，极具发展前景。

经过康振黄等一批中国学者的努力，我国生物力学的研究在起步不长的时间内就获得了惊人的发展，跻身国际先进行列。他还通过出席国际学术会议和参与

1986 年 9 月，康振黄（左）在出席第五届欧洲生物力学学会学术大会期间与冯元桢合影

领导国际学术组织，宣传中国学者的研究成果，不断扩大国际影响。由于康振黄在生物力学领域所做的富有创造性的研究工作，以及他在中国这一学科领域所起的促进作用，对我国生物力学专业创建所做的奠基性工作，他成为国内外公认的中国生物力学学术带头人之一，1983年被遴选为首任中国生物力学专业委员会主任委员；1986年4月，作为杰出的生物力学学者，被遴选为1990年世界生物力学大会指导委员会委员。

心脏瓣膜研究三大成果

在生物力学领域，康振黄重点研究人工心脏瓣膜。为什么要研究这个课题呢？康振黄曾说，不仅是出于学术上的兴趣，也是出于实际的需要，更确切地说，在中国，我们对人工心脏瓣膜有了迫切的需要。中国的人口已超过10亿，但迄今有记录的心脏瓣膜置换手术才有1000多例。事实上，更多的患者需要用这种手术来进行治疗。而我国迄今还没有任何一种人工心脏瓣膜能够像天然心脏瓣膜那样完善。

为了更加精确地模拟天然心脏瓣膜，康振黄对于心脏瓣膜流体动力学进行了深入研究。而该学科的研究成果又反过来促使、启发他发现、认识了心脏瓣膜运动规律，构成了康振黄对心脏瓣膜研究的三大具有开拓性的成果：创立心脏瓣膜流体动力学这门新的学科，提出双叶翼型人工心脏瓣膜的设计思想和原理以及据此研制成功人工心脏瓣膜，提出新的人体心脏瓣膜的关闭理论。

首次提出并创立新学科——心脏瓣膜流体动力学

心脏瓣膜流体动力学是20世纪80年代才形成的一门新兴边缘学科分支，是心血管系统流体动力学领域中形成较晚的一个分支学科。心脏瓣膜流体动力学研究心脏瓣膜流场中的血液流动及其响应，其研究目的或作用，一是了解天然心脏瓣膜的结构与功能；二是帮助对瓣膜病变及其并发症的诊断与研究；三是指导人工心脏瓣膜的研究与开发，尽量做到最真实地模拟天然心脏瓣膜。

人工心脏瓣膜的研制需要首先建立起用于研究和评价心脏瓣膜性能和体外心血管系统的模拟装置。但是别人不会告诉你现成的数据，1983年，康振黄在国外讲学时，被邀请去参观安装有体外循环系统的实验室。作为力学家的他在仔细观察装置后，敏锐地意识到这是一个流体动力学系统。回国后，康振黄从流体动力学理论出发，带领团队通过对人工心脏瓣膜流体动力学和人工心脏瓣膜体外试验模拟循环系统血液动力学的理论分析、数值计算系列实验等研究，取得了突破性的进展。他们从人工心脏瓣膜的结构、工艺、构型等几何角度定量地弄清了控制心脏瓣膜最大开口程度和关闭性能的决定因素，发现心脏瓣膜几何构型和瓣叶"无量纲"长度是影响心脏瓣膜运动和关闭性能的关键，为最优化人工心脏瓣膜设计提供了新的科学依据。在心脏瓣膜设计上，除根据国际上常用的"安全关闭""光滑冲刷"和"疲劳寿命"等准则外，该项研究还补充了"完全开放""构型仿生"和"最佳瓣长"三项新设计准则；提出了以"集中参数模型"为结构主体的模拟循环装置新设计方法和数学列式，并设计制作出人体血液循环模拟装置，其动力学特性优于目前国内外同类装置，为生理病理学基础理论研究和人工心脏瓣膜、人工心脏等研究提供了先进的检测和评价手段。该项研究已达国际先进水平。该成果在1987年第二届中、日、美生物力学学术会上及1989年第一届世界生物医学工程与生物物理学术大会上应邀作学术报告，引起国际生物力学界的重视，并获得国家教委科技进步奖二等奖。

康振黄在人工心脏瓣膜血液循环装置前

这些关于模拟心血管系统的理论和实验数据构成了心脏瓣膜流体动力学的体系框架，为研制模拟心脏瓣膜血液循环系统装置全面地提供了理论依据和精准的数据，这在国际上还是首次。这是专门为人工心脏瓣膜构建的流体动力学特殊性的新学科，康振黄早有打算将这项研究成果进行系统整理出版，供国内外同行分享。但由于工作太忙，一直没有实现，还是在一次生病住院时在医院的病房里完成了这个心愿。《心脏瓣膜流体动力学》是国际上出版的第一部该领域的专著。1991年，康振黄应波兰科学院邀请前往华沙讲授心脏瓣膜流体动力学课程。

心脏瓣膜系统基础理论研究的发展推动了双叶翼型人工心脏瓣膜的设计思想和原理的提出，这项研究被列入国家"八五"计划重点项目。心脏瓣膜流体动力学理论从创立至今，已经过去30年，但它所阐述的基本原理思想仍然对今天人工心脏瓣膜的研究具有理论指导意义。

提出双叶翼型人工心脏瓣膜的设计思想和原理

自从1960年世界上第一个人工心脏瓣膜植入人体以来，人工心脏瓣膜的设计和临床应用取得了很大的成功。但是，它与天然心脏瓣膜相比，远未达到令人满意的程度。人工心脏瓣膜要达到理想的境界，一是生物组织及血液相容性好，二是心脏瓣膜耐久性好，三是血流动力学性能好，避免引起溶血形成血栓。

当时流行的机械瓣与生物瓣各有特定适宜的应用场合，如机械瓣没有因材料钙化影响功能作用的问题，但需长期抗凝。制作性能良好的机械瓣的关键之一是确定瓣叶的形状。从20世纪80年代后期至今，选用的都是双叶瓣，而选用翼型瓣是一个很重要的进步。

20世纪80年代初，在研究制作人工心脏瓣膜的过程中，学习航空动力学出身的康振黄提出将飞机空气动力学中的薄翼理论应用于人工心脏瓣膜设计，将双叶瓣的瓣叶改为微弯曲面型，以替代之前的平板瓣叶。康振黄认为，沉浸于血液流动中的瓣叶与处于亚音速气流中的飞机翼面十分相似，可以考虑将有铰薄翼理论用于瓣膜设计中。采用翼型剖面的优点在于，可通过选取适当的翼形几何参数，满足瓣膜各种血流动力学指标。他们把这种瓣膜称为有铰的双叶薄翼瓣，与机翼类似。这种有铰瓣膜的瓣叶在血液中也具有升力、阻力和力矩，它们与瓣叶翼型截面的弯度和弦长密切相关。通过选择瓣叶的这些几何参数，可以对瓣膜进行优化设计。这一理论利用机翼绕流作用来实现瓣叶的"提前部分关闭"，并增大开始回流时的关闭推动力以达到减少回流的目的，既可以保持St. Jude在20世纪80年代创立的双叶瓣的优点，又能克服其缺乏"提前部分关闭"和"回流较大"的缺点，由此开辟了一条"改进机械瓣关闭机制效应"的心脏瓣膜流体力学研究的新途径，这种新的机械瓣型——双叶翼型机械瓣的设计方法为改进人工心脏机械瓣、使之较好地模拟天然心脏瓣膜的功能提供了理论指导和实现途径。冯元桢先生称赞"这是空气动力学在生物力学与医学的巧妙应用与发展"。

经过进一步的研究，双叶翼形机械瓣从理论分析、数值计算和体内、体外实验都被证实具有比当时已有的人工心脏瓣膜优良的性能，具有良好的应用前景。康振黄等据此试制的这种双叶翼型机械瓣初期样品经华西医科大学一年多的动物试验，于1985年开始应用于临床，到1986年年底已进行了70多例心脏瓣膜置换手术，效果很好，达到了国内先进水平，为我国人工心脏瓣膜研制从理论研究到实际应用等方面迈出实质性创新的步伐。

令人遗憾的是，由于心脏的极端重要性对制作人工心脏瓣膜的材料要求高，并且需要精密加工，这直接挑战了20世纪80年代我国加工技艺的巅峰。当时康振黄团队为了加工一个人工心脏瓣膜精密的孔找遍了国内企业，最后找到一个军工企业才勉强符合要求，这也是为什么当时心脏瓣膜只做了几十例临床不能批量生产的原因。

提出"综合因素分析法"的心脏瓣膜关闭理论

比起心脏瓣膜的开启，瓣膜的关闭运动机制显得更重要，因为它涉及心泵的效率，也涉及回流冲击等问题。所以，研究心脏瓣膜闭合过程的动力学现象成为生物力学的一个重要课题。

一个年届70岁的人，粗略估计，他的心脏瓣膜已经连续不断地开关达70亿次，随着心脏瓣膜手术特别是人工心脏瓣膜研究的发展，学者们对于天然心脏瓣膜的闭合机理先后提出过多种不同的理论模型，如"压力梯度理论""回流关闭理论"和"涡流理论"等。它们对心脏瓣膜的关闭机理做出了很大的贡献，也存在很多的争论。因为这些理论都局限于特定的适用情况，而不能普遍适用于天然心脏瓣膜关闭的全过程。

为了解决这个根本性问题，20世纪80年代中期，康振黄在研究中发现，对于瓣膜闭合的全过程很难用单一的一种理论给出完全的说明，他们试图研究一条心脏瓣膜关闭机理的新途径。康振黄认为，受所有动态力同时作用的瓣叶运动的动态过程都应该加以考虑，而不应该把我们的注意力只限于起因的限定范围。他们尝试一种天然心脏瓣膜关闭机理模型研究的简单解析路径，就是基于考虑瓣叶运动的整个动力过程，找出对心脏瓣膜瓣叶关闭力矩作用贡献的因素。在分析了各种单一理论各自的缺陷以后，康振黄提出了"多因素全过程综合理论"，即"综合因素分析法"，用于流体运动的全过程。该理论适用于主动脉瓣流场与运动的全过程。解析方法和实验验证证明这种理论和方法与实际实验完全符合，成为新的心脏瓣膜关闭机理与瓣膜运动的研究成果。康振黄还定量提出了控制心脏瓣膜最大开口程度和关闭性能的主要因素，为最优化设计提供了理论依据。

在过去的近百年人生历程中，机遇和厄运似乎都特别地眷顾康振黄。面对厄运，他不退缩、不屈服，没有怨天尤人，而是把它当作是对自己信念与意志的磨砺。他总是能凭借智慧另辟蹊径，在现实与可能之间寻找一线生机，不断积累能量。当机遇来临时，他紧紧握住、厚积薄发、勇于突破、脱颖而出，达到一个事业的新的辉煌。他的步履迈得坚定而踏实。他的人生似乎都在不断地证实那个古老的谚语：是金子总会发光的；机遇是留给那些有准备的人。

相关阅读

读书是思想的呼吸

——康振黄谈读书手记

我比较喜欢读书。为什么？似乎很难一语道尽，而且不一定能用文字表达完全。求学和工作期间，自然，读书之用比较明确，读的领域也比较确定。不过，也还有读非所用的时候。退休以后，才真正开拓了读书的眼界、胸怀和思路。真是"广阔天地，大有作为"。不可一日无书已成习惯，不可或缺，自己也有点莫名其妙。

不过，似乎可以这样说：书是世界，而世界是迄今还不能离开的，所以书也不能离开；书是思想的结晶，我不能一日无思，故不能一日无书。读书是思想的呼吸，要呼吸就要读书；书是营养，书是慰藉，也是红绿灯、路标。"秀才不出门，遍知天下事"，秀才不出门，也有气候感。择其善者而从之，其不善者而改之，也是书之一大用处。这些都还

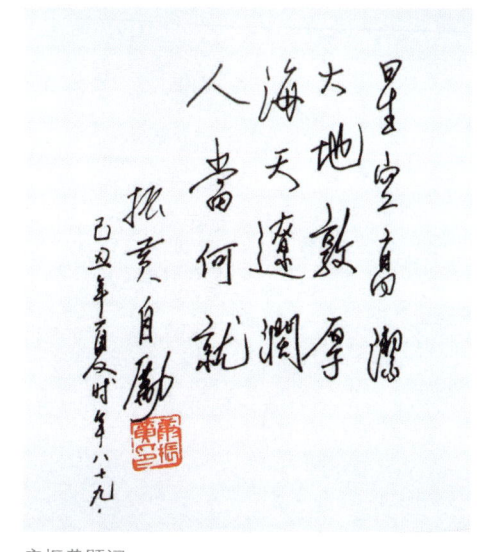

难尽读书之道。总之，人不可一日无书。但是，同样重要的是人还是人、书还是书，可以做读书人、嗜书人，但不是唯书是听的人。书是人的帮手，书不是人的替身。毕竟，人还是"万物之灵"，而不只是"书之灵"。世界、宇宙还大得很，比书更多的事物还多得很，一言难尽，莫测高深。

康振黄题词

读书能促进思想活跃，能激荡思考。读书不但是"输入"，而且有"输出"，关键在于判断。读书少，见识面窄，固然难以正确判断；读书多，立论迥异，都似有理，判断也难。

谁找谁——是读者找书来读，还是书找读者来读？说不清楚。一般情况下，当然是人找书来读。但是，多读书，就会发现好像"一花引来万花开"，一书一文引来更多想读的书。书与书之间好像有一条无形的纽带，这条纽带会引出像是毛遂自荐的更多书来，把你拴住，直至找上门来。这就变成书找人了。不论是人找书，还是书找人，都是一种乐趣。

有些书虽然较薄，重量也不太大，但读起来你会觉得有一种"厚重感"，觉得"言之有物"，甚至其中的寥寥数语都是沉甸甸的。也有一些书块头相当大，甚至配以名家推荐的"介绍"和自许的种种诺言等，动辄数十万字，读了以后，却觉得有似轻飘飘的、空荡荡的，没有什么分量，读毕不免觉得怅然若失。

这也难怪，事物总是有差异的，善自抉择罢了。

赵尔宓：从水到陆 发现生命进阶

■ 王海燕 毛 萍（中国科学院成都生物研究所）

赵尔宓（1930—2016），出生于四川省成都市，世界两栖爬行动物研究领域专家，师承我国两栖爬行动物学奠基人刘承钊。中国科学院院士，中国科学院成都生物研究所研究员。曾任中国科学院成都生物研究所副所长、博士生导师，亚洲两栖爬行动物学会副秘书长，美国 Sigma Xi 自然科学荣誉学会终身会员，美国加州科学院荣誉院士。赵尔宓从事两栖爬行动物学研究 50 余年，在物种分类与鉴定、物种分布与地理区划、物种资源有效利用、生物与生态环境协同进化等方面研究卓著。

严父教诲，万般爱好唯读书

赵尔宓于 1930 年生于成都，在八个兄弟姊妹中排行老四。父亲赵伯钧那时在成都自开家庭诊所"亲仁医院"谋生。时逢乱世，且兄弟姐妹众多。但因是成都驻防满洲正蓝旗、伊尔根觉罗（赵）氏家族，加之其父官、商、学从业实力，家境殷实。据赵尔宓回忆，父亲是一个非常严肃认真的人，平时不苟言笑，管教子女非常严格，除读书外，不许子女有其他爱好。小学寒暑假都要请家庭老师辅导孩子学习。平时晚上复习功课时，赵尔宓与姐妹们围在一张方桌上各做各的功课，因年纪小，难免偶尔说笑。但只要一听到父亲从他的书房踱出的脚步声，即刻吓得赶紧正襟危坐并发出朗朗的读书声。读中学时，赵尔宓买了一把二胡，第二天被父亲发现，顿时被折断烧了，从此再也不敢有其他嗜好。他从小便受到优质学校的正规教育，接受了中西两种教育文化的启蒙。小学时经历了躲避日军轰炸，中学时经历抗战胜利、内战爆发，坚守不闻政治、读书成就人生的纯粹想法，专心学习，成绩优异。

赵尔宓爱买书、爱护书、爱读书在业内是出了名的。家里任何角落都堆满了书，且书房只有他特别喜欢的学生才能随便出入。因为经常买书的原因，他跟新华书店的工作人员非常熟，由于以前工资比较少，没余钱买书，他就请工作人员把书先预定了，等下个月发工资再去付钱。因动物分类学研究需要阅读非常广泛的基础资料，在网络信息不发达的早期年代，他每次到国外，都要找同行专家索要两栖爬行动物研究相关的书籍与文献，回国后把资料分享给该领域的研究人员。赵尔宓的信件中很大一部分是向国外同行寻求书籍与文献，也有很多是向国内同行提供资料的信件。在整理赵尔宓遗物时，发现了几大箱分门别类存放的研究资料，每种研究资料按照物种分类存放，并自制索引号。早期严谨且极注重读书的家庭教育引领了赵尔宓一辈子与书打交道的历程。

尊师教导，千锤百炼研学问

1947年9月，赵尔宓以第一名的成绩考入华西协和大学（1951年更名为华西大学，1953年更名为四川医学院，1985年更名为华西医科大学，2000年合并入四川大学）理学院生物系。赵尔宓之所以选择这个专业，有两大原因：一是中学时代的老师郑实夫教授的生物学课启迪了他研究生物的兴趣；二是他觉得旧社会人际关系复杂，勾心斗角让他深感厌恶，既不愿意接触政治，也不愿意学医与患者打交道。刚入校时因亲友希望其学医而提出转专业，时值学术造诣很深的著名教授刘承钊从美国回来在华西大学给大家作生物学研究的讲演并教授生物学基础课。刘老师温文尔雅、彬彬有礼的举止风度，渊博精深的学识，锲而不舍的治学精神使赵尔宓深深折服，更加坚定了他学习生物学的决心。

大学期间，赵尔宓受到刘承钊手把手的教导。刘承钊曾送给赵尔宓一册自己签名的《比较解剖学》，并叮嘱他每年读一遍。1948年年初与暑假期间，他两次随刘承钊到成都彭县（今彭州市）白水河与九峰山进行野外工作，这两次工作打开了赵尔宓的视野，满足了他与大自然为伍的愿望。1949年暑假，刘承钊指导赵尔宓等三位同学留校观察饰纹姬蛙、泽蛙等几种蛙类的生活史。1950年2月，赵尔宓有幸被刘承钊推荐到华西协和大学自然历史博物馆半工半读，担任其研究助理。除经常整理研究标本外，也有更多的机会参与刘承钊主持的中国科学院爬虫动物调查项目的学术研究。

1951年，赵尔宓大学毕业后被分配到哈尔滨医科大学任生物科教员、助理

1951年夏华西大学生物系毕业师生合影（第一排左三为赵尔宓）

教授，为医学本科生讲授比较解剖学及达尔文主义。1954年，因开展爬行动物研究需要，刘承钊将赵尔宓从哈尔滨医科大学调回成都，安排其到大学母校（已更名为四川医学院）担任生物学教研组助理教授。从此，两位大家开启了划时代的合作研究。

  细细揣摩一个人的事业起步固然有各种外因和内因，两者缺一不可。内因是大学初期赵尔宓在生物学研究方面表现出来的天赋和努力，外因则来自被公认为中国两栖爬行动物研究开山鼻祖刘承钊的影响。正是他的榜样与引导作用，带领赵尔宓走上了两栖爬行动物研究这条路。因刘承钊的关系，赵尔宓也受到徐福均教授（1907—1986，生物学家、教育家）、张孟闻教授（1903—1993，动物学家、教育家）和秉志教授（1886—1965，中国近现代生物学奠基人，动物学家）的亲自指导。他跟随徐福均先生从事峨眉树蛙、青蛙及蟾蜍的繁殖及胚胎发育的适应性研究，请教张孟闻先生有关有尾两栖类和爬行类的相关专业问题，以及求教秉志先生鱼类、人体解剖、生理生态化学、组织学和胚胎学基础知识。指导赵尔宓成长的先生均是当时治学严谨的大家。后来赵尔宓跟他的学生追忆起多位恩师，感慨良多："从1962年起我才从事两栖爬行动物研究。现在回想起来，刘承钊老师对我是有一套培养计划的，可是最初我不是十分理解，没能坚定地按他的要求去做。"在大学毕业分别到哈尔滨医科大学和四川医学院任教十年后，赵尔宓跟随刘承钊的脚步开始专攻两栖爬行动物研究。从此，赵尔宓的人生道路由一名生物学教师转变为生物科学研究人员。

与蛇缠绵，百尺竿头勤为径

1957年全国科技跃进大会后，由刘承钊和胡淑琴主持的两栖爬行动物研究组在四川医学院成立。1962年，赵尔宓开始给刘承钊和胡淑琴当助手，在其指导下从事两栖爬行动物分类学研究，到广西、陕西、贵州、海南、福建等地采集标本。从此，与两栖爬行动物研究结下50余年不解之缘并做出了丰硕贡献。赵尔宓从事两栖爬行动物学研究50余年来，合作发表论文260余篇，主编、编写学术著作40种，发表我国蛇类新记录科1个；建立两栖动物新属2个；发表我国两栖爬行动物新种（亚种）41个，新记录种17个，其中包括蛇岛蝮、墨脱竹叶青蛇、莽山烙铁头蛇等。

赵尔宓其实是怕蛇的，但为了两栖爬行动物学研究，他以对大自然的敬畏之心和严谨、勤奋的科学态度，克服恐惧，与蛇缠绵数十载，成为了我国蛇类研究的专家。

调查毒蛇危害，研制"云南蛇药"。1969—1974年，根据中国科学院下达的国防任务，由赵尔宓主持、中国科学院西南生物研究所与中国科学院昆明动物研究所合作，开展云南毒蛇危害调查，到云南开展"西南边疆毒蛇调查及蛇伤防治研究"项目，进行动物实验中毒药物保护作用的筛

1957年，赵尔宓在秉志院士家中与其合影

选。经过108次配方，数百次实验，成功研制了"云南蛇药"。1975年经云南省卫生局正式批准，"云南蛇药"投入生产。该药经17个县、市及解放军、生产建设兵团的有关医疗单位临床观察，收治毒蛇咬伤255例，治愈254例，死亡1例，治愈率达99.6%。1978年，"云南蛇药的研究"获全国科学大会奖。

三登大连蛇岛，研究蝮蛇分类。长期以来，国内外对蝮蛇的分类问题存在着较大分歧，影响到对蝮蛇毒的研究和利用。虽然中外学者的争论一直在持续，但都肯定蝮蛇只是一个种。

1978—1980年，赵尔宓等科研人员不惧危险，三次登上大连旅顺口西北部的蛇岛开展考察，深入进行了"我国蝮蛇的分类学研究"。

考察组采集了我国吉林磐石、辽宁蛇岛、新疆尼勒克、江苏、浙江等地的蝮蛇标本以及蛇毒，结合形态、生态及地理分布、蛇毒蛋白电泳及免疫扩散实验、生物化学蛋白电泳与同工酶以及细胞学（染色体组型）多种实验手段探讨蝮蛇分类，最终将以往误定为"中介蝮"的大连蛇岛产的蝮蛇定为新种"蛇岛蝮"，得到国内外同行专家的广泛承认。赵尔宓在国际上首次将蛇毒聚丙烯酰胺凝胶电泳用于毒蛇的分类学研究，并提出蝮蛇在蛇岛上的起源和演化见解，认为我国的蝮蛇有若干种，东北地区是蝮属的分化中心，初步确定我国广大地区被鉴定为蝮蛇的标本应属于三个不同的种。在以后的研究中，赵尔宓又提出横断山北段是蝮属分化的另一个中心。

1978年，赵尔宓全副武装登上蛇岛考察

蛇岛蝮（*Gloydius shedaoensis*，赵蕙摄）

1982年，赵尔宓撰写了《尖吻蝮》专辑，发表论文《蛇岛猎奇》，结束了"蛇岛蝮"40多年来被日本学者长谷川秀治误认为是"中介蝮"的历史。

传世之作《中国蛇类》出版。在数十年锲而不舍的资料搜集、野外考察、系统研究基础上，赵尔宓在70多岁时编著了《中国蛇类》（上下册），并于2006年12月正式出版。《中国蛇类》阐述了蛇类在自然界的地位，蛇的形态特征、生活习性以及蛇与人类的关系，系统记载了我国9科66属205种蛇的分类、形态、生态、分布，发表了300多幅蛇类及其栖息生境的彩色照片，反映了爬行动物研究的最新成就。中国科学院曹文宣院士评述该专著为"学术水平和编写质量比起国外同类著作毫不逊色"，是"不但具有科学性，而且具有很高的艺术价值的参考书，堪称我国蛇类研究的传世之作""赵院士锲而不舍、学无止境的治学精神，值得我们学习"。

野外考察，足迹遍布海内外

还在上大学的时候，赵尔宓就跟随刘承钊开展野外考察、标本采集和研究分析，这使他从一开始就学习和继承了老一辈科学家严谨求实、注重事实、系统思维、科学分析的良好工作作风。野外考察对于两栖爬行动物分类、地理区系、生态环境与生物多样性保护研究极其重要，而赵尔宓一做就是60年。他到过东北的林海雪原，穿越过西北的草原荒漠，翻越过西藏的崇山峻岭，深入过西南的热带丛林，为探索蛙螈蜥蛇的奥秘踏遍了祖国大半山河以及世界广阔之地，克服了数不清的艰难和危险，为国家奉献出卓越的智慧和成就。有的时候，他一年有200多天在进行野外考察工作，甚至连到国外进行学术交流和研究也不放过对当地两栖爬行动物的野外考察机会。他的考察记录、笔记和书信详细、工整、系统，令人叹为观止。

两次进藏考察，发现珍贵动物。1973年5—9月，赵尔宓参加中国科学院青藏高原综合考察，成为首批入藏考察的两栖爬行动物学者之一。赵尔宓一行在马尼翁设立科考据点，并深入到背崩、地东、希让、西贡湖（布琼湖）、德尔工等各点采集了大量珍贵的动植物标本。这次考察是我国科学工作者对西藏地区爬行动物系统研究的首次科学考察及首次报告,总结了西藏已知爬行动物49种及亚种,发现并描述了毒蛇的一个新种——墨脱竹叶青及新亚种——山烙铁头察隅亚种。除发表新种外,赵尔宓于1977年首次提出将我国西藏喜马拉雅山南坡地区在动物地理区划上划为东洋界西南区的喜山南坡亚区(过去将它归入青藏区)。

1982—1984年,赵尔宓参加由中国科学院组织的西藏南迦巴瓦峰登山科学考察,主持室内工作。科考队员在米林、墨脱、波密和林芝四县进行两栖爬行动物调查和标本采集,经历了许多意想不到的艰难和危险,克服了许多难以想象的困难,发现网纹扁手蛙等几个新种和南峰锦蛇、眼镜王蛇等西藏新记录。在对南迦巴瓦峰山区考察的基础上,赵尔宓于1986年将该喜山南坡亚区的范围沿雅鲁藏布江大拐弯水流通道向北扩大到通麦易贡一线。

1987年,由胡淑琴主编、赵尔宓参与编写的专著《西藏两栖爬行动物》正式出版。该书为"青藏高原科学考察丛书"之一,记述了目前已知的西藏两栖、爬行动物98种及亚种,并根据考察结果对西藏的两栖、爬行动物的区系组成成分提供了初步的区系分析。青藏高原综合考察先后获中国科学院1986年科技进步奖特等奖、1987年国家自然科学奖一等奖及1989年陈嘉庚地球科学奖。

横断山区考察,主持两栖爬行动物课题。1982—1984年,赵尔宓参加中国科学院组织的横断山区综合考察,主持两栖爬行动物子课题,对该地区两栖爬行

1973年,赵尔宓参加中国科学院青藏高原综合考察

墨脱竹叶青蛇(*Viridovipera medogensis*,赵尔宓摄)

动物进行考察，任主持人及野外领队。本次考察具有重要的科学意义。与昆明动物所共同编著了《横断山区两栖爬行动物》一书。该书记载两栖纲动物3目11科26属81种，爬行纲动物2目14科53属117种。我国已知两栖动物3目11科都分布于此区，就属而论，两栖动物占全国已知44属的59.1%，爬行动物占已知124属的41.9%；就种而论，两栖动物占全国已知302种的29.2%，爬行动物占全国已知378种的29.7%，即全国一半左右的属与1/3左右的种都可在横断山找到适合的生境。这说明，横断山具有古北界与东洋界物种交汇的特点，也是许多古老物种与原始类群第四纪冰期的天然避难所；高海拔环境又极大加剧了物种分化，促使新种形成，并制约新种扩散，因而此区出现许多特有属种。

"青藏高原隆起及对人类活动和自然环境影响的综合研究"（子课题："横断山区两栖爬行动物分类区系：横断山区植物分类区系""横断山区植被研究：西藏植物志"）获1986年中国科学院科技进步奖特等奖和1987年国家自然科学奖一等奖。

辛勤耕耘，促进学科大发展

赵尔宓的同行、同事、学生们曾评价他不仅是治学大家和良师益友，而且是社会活动家和学科发展带头人。除了自身繁重的研究工作，他辛勤耕耘，坚持不懈，用编辑出版、研究合作、国际交流、学生培养、科学普及等方式全方位促进我国两爬爬行动物研究学科发展，使我国成为了该学科在全球的最重要研究中心之一。

中美合作研究，两爬巨著问世。1993年，赵尔宓与美国鹰岩教授（Kraig Adler）合作出版了《中国两栖爬行动物》（Herpetology of China）。该书是第一部全面系统论述我国661种两栖爬行动物的专著，内容包括中国两栖爬行动物研究历史、中国两栖爬行动物图解、种属及亚种检索表、中国两栖爬行动物分布等。

1987年和1991年，赵尔宓两次到美国与鹰岩教授商讨合作著书的事，其中1991年还专门住在鹰岩教授家里，连续几个月整理资料，最后于1993年完成这本书。本书集文献之大成，把当时中国已知的两栖爬行动物所有分类阶元进行系统厘清，包括它们的原始描述出处、分布情况、中国古书记载的两爬资料、中国近现代至 20 世纪 80 年代中外学者两爬研究成果（分类学、生理学、生态学、染色体、蛋白质等方面的研究）、物种图解、种属及检索表等，内容非常全面。

该书厚达 600 多页，仅积累资料就耗费了近半个世纪。该书全面系统论述了中国两栖爬行动物研究的历史和现状，对迄今已知的 661 种两栖和爬行动物考证其历史、概括其分布，搜集了 1825 篇文献，刊印了 146 属代表及一半种类的彩色图片。该书被刘建康院士誉为"中国蛇蛙研究的传世之作"，被国际著名的两栖爬行动物学家、俄罗斯科学院院士 Ilya Darevsky 及美国科学院院士 David Wake 评为"里程碑之著""无疑开创了研究这辽阔地域的两栖爬行动物区系的新纪元"的"划时代的巨著，它的影响将会持续大半个世纪。"

创办学会学报，促进学科发展。出于对生物学的热爱以及对语言文字的热爱，以及工作中查阅大量国外原版专著及文献的需求，赵尔宓工作后自学英、俄、德、日、法五门外语。早在 20 世纪 50 年代大学毕业被分配到哈尔滨医科大学任生物学助教时，赵尔宓即开始自学俄语，并与该校生物学教研组集体翻译了《苏联药剂士学校教学用书：植物学》等图书作为学生的教材用书。

为了交流基础研究的成果，从 1972 年起，赵尔宓编印了《中国蛇类检索

1987 年，赵尔宓在美国康奈尔大学与鹰岩教授合作编写《中国两栖爬行动物》

表》，两年一辑形成《两栖爬行动物研究资料》系列。为缩短出版周期、及时交流科研进展，从1978年起，赵尔宓采用随编随印、连续编号、不定期出版的方式编辑出版了《两栖爬行动物研究》，到1982年共出版6卷（辑）。每期排印时，赵尔宓都一整周在印刷厂排字车间配合工人一起工作，及时解决排版中的问题，亲自承担从编辑、版式设计到校对的全部工作。在实践过程中，赵尔宓对编辑与出版工作产生了浓厚兴趣。因积累了10年办刊的经验与成果，1982年中国科学院出版委员会批准《两栖爬行动物学报》作为季刊正式出版，至1988年共出版7年（7卷23期）。学报被评为核心刊物，赵尔宓担任主编，有固定编辑人员编印。1988年因经费问题被迫停刊后，赵尔宓找到美国加州大学伯克利分校脊椎动物博物馆继续出版本刊，赵尔宓任主编。2005年该刊转回中国出版，赵尔宓任名誉主编。

赵尔宓与胡淑琴等人建立四川省动物学会（1979年）和全国两栖爬行动物学会（1982年）；创办《四川动物》（1981年）、《两栖爬行动物学报》（1982年）和 *Asiatic Herpetological Research*（1988年）；编辑出版系列研究丛书专辑《两栖爬行动物研究资料》（1978年起）和《蛇蛙研究丛书》（1990年）。

20世纪70年代开始，继刘承钊之后，赵尔宓为将中国两栖爬行动物学推向世界殿堂做了很多贡献。赵尔宓认为中国两栖爬行动物研究必须广泛地参与国际交流，不与国际同行交流相当于闭门造车，会制约国内两栖爬行动物学科的发展。他曾说过："科学研究必须告诉世界才行，不告诉世界那就成了个人欣赏、个人收藏了，像玩古董。"因此，他数次做领队，带领青年人去日本考察交流学习；他代表中国在国际学术会议上交流和发布研究成果；他到国际知名大学、博物馆、研究机构进行学术讲习和合作研究。他说，"交流即是眼界，合作即是胸怀"，在他的带

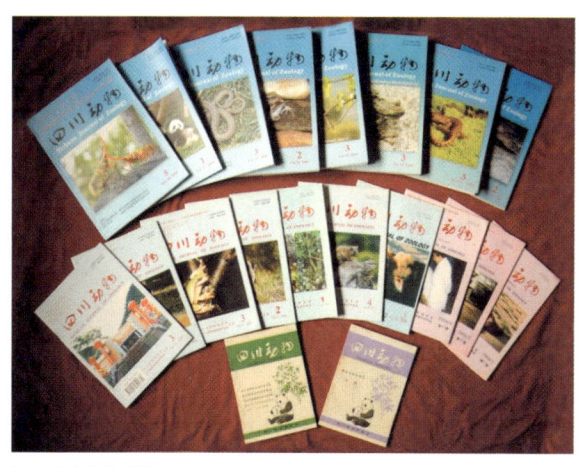

《四川动物》期刊

1983年，中国两栖爬行动物学会在成都成立（第四排左一为赵尔宓）

领和推动下，中国的两栖爬行动物研究成为该学科的亚洲研究中心和全球研究中心之一。出色的工作成就使他成为世界知名的两栖爬行动物学专家，先后获得了亚洲两栖爬行动物学会副秘书长、美国 Sigma Xi 自然科学荣誉学会终身会员、美国加州科学院荣誉院士等荣誉。

赵尔宓还悉心将数十位研究生培养成才，并热心科普，为无数青少年进行保护环境与生物多样性的科考训练和研习讲座。沈阳师范大学特聘教授、动物学专业硕士研究生导师李丕鹏接受访谈时谈道："这位老先生在我们两爬界既是一个大科学家，又是一个社会活动家。他是一个关心、爱护整个大学科发展的人，不是光干自己的事。他为这些（指学科发展、国际交流）付出了很多精力。"

爱妻协助，十分感念勿忘我

"我认为自己此生最大的成功是婚姻，因为我选择了最理想和最聪慧的她做妻子。她不仅是最完美的女性，也是我情深似海最忠实的伴侣，更是我一生的良师和诤友。我所做的一切工作都离不开她的帮助，我如有任何一点成就都铭刻着她的辛劳。"赵尔宓在纪念妻子涂茂浰的文字《怀念爱妻》中如是写到。

赵尔宓和涂茂浰两人同为树德中学校友和华西协和大学校友，在学习和生活中互生爱慕成为情侣，于1953年结婚。1955年，大女儿诞生，1956年年底，双胞胎女儿出世。长期以来，赵尔宓每年少则三个月、多则半年赴野外

赵尔宓与涂茂浰结婚照

考察和研究，爱人涂茂浰便毫无怨言地担负起了一边教书育人、一边照顾家庭与孩子的重担，一担就是几十年，直到生命的尽头。在工作上，涂茂浰是学霸，一直在华西医科大学任教，并担任天然药物化学教授。只要赵尔宓对有关数学、物理、化学或其他学科有疑问时，都会向涂茂浰请教，省去翻书查资料的时间。赵尔宓曾经感慨，妻子涂茂浰在大事决断、修改文章、整理资料、抄写卡片、记录摘抄、提供建议等方面是他的良师和诤友，他的任何成绩都凝聚着她的智慧，他的任何贡献都铭刻着她的功劳。夫妻俩感情甚笃，互相支持。在整理赵尔宓的书信时发现，赵尔宓在野外工作时，不论舟车劳顿或加班熬夜到多晚，他都会以日记的形式记录当天的采集工作以及行程安排，记录当地的风土人情以及轶事趣闻，回家后便交给妻子阅看。两个人半个世纪的爱情丝毫未受到时间与空间的疏离。退休后，赵尔宓每天陪伴妻子，以弥补工作时候的亏欠。

晚年时，涂茂浰的高血压越来越严重，于2006年3月9日去世。妻子的离开对赵尔宓的身心造成了巨大打击，他时不时孤影凝望，身体长时间处于亚健康状态，经常发脾气和健忘。他努力用工作填补内心思念爱妻的伤悲，2006年年底，著作《中国蛇类》上、下卷正式出版。书的首页画有一幅"勿忘我"植物，用中、英文写着："作者谨以此书献给已故爱妻涂茂浰教授。"涂茂浰逝世一周年时，赵尔宓精选了她各时期的照片，设计编排印制了画册，题名《永远想念你》。

早在2011年，赵尔宓就给女儿们写下了遗嘱："将我和我一直珍藏在身边的、你们妈妈的骨灰混合后，与大地融合在一起（撒掉或树葬），不留任何痕迹。我和茂浰来自自然，也要无拘无束地回归自然……"。2016年12月26日，赵尔宓

2003年，赵尔宓夫妇庆贺金婚之日（摄于成都熊猫基地）

用这种永恒的方式和心爱的人在天堂里最终团聚。他用一生执着地探索着大自然中的生命和生命演绎的奥秘，也用一生无悔地演绎了对科学事业的热爱、继承、奉献和传播，最终以居高声远、无拘回归自然的超然境界完成了自我生命的高阶进化。

相关阅读

曹文宣院士评《中国蛇类》[①]

——锲而不舍 学无止境

赵尔宓院士的新作《中国蛇类》一书于近期面世，其学术水平和编写质量比起国外同类著作毫不逊色，值得我国动物学界同仁热烈祝贺。

《中国蛇类》是一部全面系统介绍我国已知蛇类的专著，反映了爬行动物研究的最新成就，分为上下两册。上册为文字部分，先后阐述了蛇类在自然界的地位、蛇的形态特征、生活习性以及蛇与人类的关系等，编制了蛇亚目中各科、属、种的检索表，记载了我国9科66属205种蛇的分类、形态、生态、分布等相关资料，文字简洁，重点突出。下册为彩色图版部分，发表了300多幅蛇类及其栖息生境的彩色照片，色彩绚丽，栩栩如生，不但具有科学性，而且具有很高的艺术价值，堪称我国蛇类研究的传世之作。

《中国蛇类》是在由赵院士本人主编的《中国动物志·爬行纲第三卷·蛇亚目》一书出版8年之后编写的。作者充分查阅了近年国内外有关的论著，对蛇类的分类系统和命名方面作了较多的必要变动，补充了新近发现的新种和新纪录，使我国蛇亚目的分类更臻完善。更值得称道的是，赵院士和他的同事多次赴野外调查采集，跋山涉水，历尽艰辛，拍摄了不少蛇类的活体照片。有了这些生动的照片，对照文字描述，读者更容易识别不同种类的蛇。

《中国蛇类》的出版，对我国动物学界发出了一个明确的信息。这个信息就是，我国的动物分类学在有关类群的动物志编写出版后，并不是大功告成无事可做了。现在，有相当一部分学者在完成动物志编写任务后，或是另起炉灶，改变研究对象，或是洗手不干，干脆不搞动物分类学工作，致使我国许多动物类群的分类研究后继无人。另一方面，我

[①] 摘自《安徽市场报》之《品读》周刊。

国一些科研主管部门对分类学不重视，使研究分类学的课程申请难，经费少，发表文章受限制，在研究单位评职称困难等，使一些年轻人对分类学望而止步，动物分类学事业前景堪忧！

　　赵尔宓院士在我国两栖爬行动物研究领域的成绩告诉我们，即使是被一些人看不起的"古老的""宏观的""描述型的"学科，也能做出骄人的科研成果，居世界同类研究先进水平之列。赵院士锲而不舍，学无止境的治学精神值得我们学习。

文圣常：耕海踏浪谱华章

冯文波（中国海洋大学）

文圣常（1921— ），出生于河南省光山县砖桥镇，物理海洋学家，中国海浪研究的开拓者之一，中国海洋大学教授，1993年当选中国科学院院士。

文圣常是中国最早从事海洋科学研究的科学家之一，长期致力于海浪研究和物理海洋教育事业，为开拓和奠定我国物理海洋科学事业做出了卓越贡献。他在海浪频谱、海浪方向谱、海浪预报方法研究和海浪数值模式研究等领域成果丰硕。20世纪50年代中后期，文圣常提出了"普遍风浪谱及其应用"的著名论断，被誉为"文氏风浪谱"，其后，在涌浪研究中又提出了"涌浪谱"的理论。他主持研究的海浪计算方法在国内得到广泛应用，列入1978年出版的交通部《港口工程技术规范（海港水文）》中，该成果1985年获国家科技进步奖二等奖。他开创了我国海浪数值预报模式研究，提出了一种特色显著的新型混合型海浪数值模式，并在国家海洋环境预报部门投入业务化应用，该成果于1997年获国家科委科技进步奖三等奖。他撰写的《海浪原理》和《海浪理论与计算原理》成为指导国内外海浪理论研究的重要专著。

海浪，是种久被习知的现象，它密切地关系着许多海上的活动，如船舶航行、渔业捕捞、科学调查、军事战争等。作为一个海洋大国，我国的海浪研究于20世纪50年代艰难起步。1960年前后，中国科学家在国际上首次提出了"普遍风浪谱"和"涌浪谱"；1962年9月，世界上第一部海浪理论专著《海浪原理》在中国问世；1966年8月14日，国家海洋局海洋水文气象预报总台向全国播发了第一条海浪预报……回望我国海浪科学研究走过的铿锵足迹，诸多闪光点背后无不凝聚着我国著名物理海洋学家、海浪研究的开拓者文圣常院士的执着坚守与辛勤耕耘，数十年来，他用自己的汗水与智慧，在海浪科学研究领域谱写了一篇篇自主创新的华美乐章。

远渡重洋闪灵光

光山县，地处河南省的东南部，与湖北省相邻，南依大别山，是一个山清水秀、人杰地灵的地方。一代名相司马光，党和国家的卓越领导人、中国妇女运动的先驱邓颖超，戎马一生、立下赫赫战功的上将尤太忠等家喻户晓的名人皆出生于此。1921年11月1日，文圣常便诞生在这片人才辈出的土地上。

在光山县砖桥镇，文氏是一个声名显赫的大家族，且历来注重子女教育。文圣常的父亲在当地是一位小有名气的知识分子，母亲亦善良贤惠、勤俭持家，两人皆希望子女读书识字，成长为一个对国家、对社会有用的人。在父母创造的良好教育环境下，文圣常自小便在文氏祠堂里接受启蒙教育，后来又进入小学、中学继续学习。

1937年7月7日，抗日战争全面爆发，战火很快波及河南、湖北等地。1940年年初，为躲避战火，高中毕业后的文圣常与同学结伴前往重庆，谋求新的发展机遇。抵达重庆后，几经曲折，他最终考入了当时迁至四川乐山的武汉大学就读。

在大学期间，文圣常学的是机械工程，动手实践能力、技术应用能力和创新能力均得到了系统训练和提升，并且在数学、物理、文学、哲学、历史等方面也打下了丰富而坚实的知识基础。尤其是素有"古代海洋学之父"之誉的亚里士多德的著作对他影响很深，在提升他的逻辑思维能力的同时，也成为他日后从事海洋科学研究的思想源头。

1944年夏，大学毕业后的文圣常被分配至位于成都的航空委员会第八飞机修理厂，担任试用技术附员。这期间，他参加了选拔出国进修人员的考试，并被录取。

几经周折，1946年年初，文圣常最终登上了开往美国的轮船。在赴美的航船上，途经太平洋时，文圣常发现上万吨的轮船竟像纸船似的随着波浪起伏摇摆，他脑海中灵光一闪，这滚滚的波涛又何尝不是一种取之不尽用之不竭的能源呢。如果想办法收集起来，加以利用，应该是一种不错的研究方向。

在美国学习期间，文圣常利用业余时间查阅了大量关于海浪的文献资料，并结合自己的动力机械知识，设计出了一种简单的利用海浪能量的动力装置。1947

年回国后，文圣常继续开展海浪能量动力装置的研发试验，并在嘉陵江畔、北戴河海边、青岛汇泉湾进行过试验。依托这一试验成果，文圣常撰写了《利用海洋动力的一个建议》一文，于1953年在《机械工程学报》上刊发。迄今所知，这是我国学者最早进行海浪能量利用的试验。

1953年，位于青岛的山东大学（中国海洋大学前身）海洋学系初建，经青岛观象台推荐，应首任系主任、中国著名物理海洋学家赫崇本教授邀请，文圣常进入到山东大学海洋学系工作。从此，文圣常犹如鱼儿入海，在这所因海而生的校园里耕海踏浪，取得了一个又一个开创性的海浪科研成果。

乘风破浪立新谱

自1953年至今，文圣常一直生活工作在青岛。近70年来，在风景如画的中国海洋大学校园里，在国家和学校以及社会各界的支持与关心下，他潜心于海浪研究和人才培养，并与团队成员一起在海浪学研究领域劈波斩浪、奋勇前行，取得了一系列举世瞩目的成就。

20世纪50年代中期，国际上存在两种比较盛行的海浪研究方法——"能量平衡法"和"谱法"，但这两种方法只限于海浪在充分成长状态下的海浪频谱的内容，没有考虑海浪成长过程中的谱型形式。文圣常在充分学习借鉴这两种方法的基础上，结合自己的研究和思考，从能量平衡的观点出发，导出了可用以描述风浪成长全过程的普遍风浪谱，并撰写了《普遍风浪谱及其应用》一文。此外，在涌浪的研究中，文圣常考虑到挪威的斯韦尔德鲁普和美国的蒙克提出的能量平衡、P-N-J概念都是以半经验的方法来计算涌浪的波高和周期的，他对两位学者以空气阻力解释能量消耗，而没有考虑涡动影响的做法持保留意见。于是，文圣常基于涡动和绕射的作用，提出了涌浪谱的计算方法，在"涌浪谱"文章中他还考虑了台风区的圆形特点，并给出了对应的计算方法。

在我国著名地球物理学家赵九章和赫崇本两位教授的联名推荐下，这两项成果在当时的《中国科学》杂志上用英文发表。20世纪60年代初期又被译成俄文，在苏联著名海洋学家克雷洛夫编著的《风浪》论文集中的风浪谱部分全文刊出，

1987年，文圣常（右二）在悉尼一次国际学术会议的茶歇期间与外国友人合影

并在当年有关国际海洋科学进展评论中列为重要研究成果。

截至20世纪80年代，国际海浪学界在风浪谱理论研究中依然是通过观测和科学家的个人经验得出有关数据和成果的，这种单纯依靠经验的做法具有一定的主观性和不确定性。为了弥补这一缺憾，文圣常在20世纪50年代末研究的基础上，采用解析的方法导出了风浪频谱和方向谱，并通过在谱形中引入一个参量"尖度因子"推导出了理论形式的风浪频谱。这种"理论风浪谱"既适用于深海，也可应用于浅水区，能够对风浪随风速、风时、风区和水域的变化进行比较系统的描述，即用有效的参量描述谱形。这一成果很快在我国海浪预报业务中得到应用，并获得国家自然科学奖和国家教委科技进步奖。

耕海预浪防灾害

20世纪50年代末至60年代中期，文圣常的研究更多地侧重于理论方法层面。20世纪60年代中期，文圣常开始思考如何将海浪理论成果转化为现实生产

科学家励志故事 系列丛书·第三册

文圣常在实验室

力，为国民经济发展服务，使其产生一定的社会和经济效益。

当时，我国在港口、码头等大型海洋工程建设中普遍采用的是苏联和美国的海浪计算方法，但在某些方面这些方法不太适合中国的海域特点。在这种情况下，文圣常主持和领导了国家科学技术委员会海洋组海浪预报方法研究组的技术工作，在研究中，文圣常和团队成员充分考虑了我国海域的实际情况和现实特点，提出了一种适合中国海域特色的海浪计算方法，不但精确度较高，而且计算方便，在国内海洋工程建设中得到了较广泛运用。20世纪70年代后期，为适应我国沿海城市改革开放的需要，文圣常又参与了近岸工程设计技术标准制定工作，他所提出的海浪计算方法列入交通部《港口工程技术规范》第二篇《水文》的第一册《海港水文》中，并于1978年出版，从而结束了我国在港口建设的有关规范中长期依赖苏联和美国的状况。1985年，该成果获得了国家科技进步奖二等奖。

20世纪80年代末90年代初，文圣常又承担了国家重大科技攻关项目中的海浪数值预报方法研究课题，针对海浪数值预报国外通行方法中存在的困难，文圣常提出了一种新型混合型海浪数值预报模式。该模式把控制方程中能量摄取、耗散、非线性波－波相互作用等难以精确计算的源函数项合并为一项，然后通过易于观测到的比较可靠的海浪成长关系加以计算，从而使模式的精度有了基本保证，运转也比较稳定，计算时间约为当时国外WAM模式（第三代模式）的1/60，克服了在计算机上费时过多的弱点。由于适合中国国情，该预报模式不仅被国家有关预报部门使用，还曾与苏联有关的海洋研究所合作，在远东海域推广应用。这一成果获得了国家"七五""八五"科技攻关重大成果奖、联合国技术信息促进系统中国国家分部"发明创新科技之星奖"、国家教委科技进步奖一等奖和国家科委科技进步奖三等奖，文圣常本人也被授予"七五有突出贡献者"和"八五先进个人"等荣誉称号。经国务院批准，文圣常自1990年7月起终身享受政府特殊津贴，并于1993年当选中国科学院院士。

20世纪最后十年，联合国教科文组织提出了"国际减灾十年"的号召，这与文圣常一直以来倡导的从中国海洋事业的实情出发，研究海洋灾害、造福人类的想法不谋而合。这期间，文圣常主持承担

1990年，文圣常（左一）向到校考察的严济慈（右二）汇报工作

了"灾害性海浪客观分析、四维同化和数值预报产品的研制"专题的研究工作，相关产品已在国家海洋环境预报中心应用于风浪预报，并进入当时中央电视台灾害海浪预报，在我国防灾减灾中取得了显著的社会和经济效益。20世纪90年代中后期，文圣常又主持了"近岸带灾害性动力环境的数值模拟和优化评估技术研究"专题项目，并亲自参与了其中某些子课题的研究工作，提出了新的风浪谱研究方法，该谱结构的可靠性、模式性能覆盖范围、改进的可行性、所需计算机时间等方面都优于当时世界上盛行的第三代海浪模式。

著书立说育桃李

海浪研究是在第二次世界大战期间，为适应盟军诺曼底登陆需要而诞生的一门海洋分支学科，虽然起步较晚，但是发展迅速。第二次世界大战后，伴随着海洋运输、港口建设、海上资源勘探开发、渔业养殖捕捞等涉海行业的发展，海浪研究越来越受到人们的重视。但是，这一新兴学科领域却没有系统性的理论专著问世。鉴于这一学科发展的现实情况，文圣常在前期研究的基础上于1962年撰写了《海浪原理》一书，这是国内外出版的第一部海浪理论著作，至今仍为全球五大海浪专著之一。

文圣常（左）与博士生孙孚合影

20世纪60年代中期以后，海浪研究更加受到人们的重视和关注，创新成果不断出现，文献数量迅速增加，为便于我国广大海洋科研人员开展工作，文圣常和同事余宙文一起历时四年，编著了《海浪理论与计算原理》一书，并于1984年正式出版。该书系统性地梳理了世界范围内截至20世纪80年代初的海浪研究成果，在收录的500余篇文献资料中，近400篇是20世纪70年代后发表的。这两本著作迄今仍然是国内外海浪学者开展研究的重要参考书目，并在推动我国海洋科技人才培养方面发挥了重大作用。

在从事海浪理论和应用研究的同时，文圣常也积极地为我国海洋教育事业的发展贡献智慧和力量。他特别注重讲义和教材建设，陆续编著了《海浪学》《液体波动原理》《图解与近似计算》《海洋近岸工程》等教材。他亲临讲台，先后为山东大学、山东海洋学院、青岛海洋大学、中国海洋大学的本科生、研究生授课，数十年来，为我国乃至世界海洋科学领域培养了许多杰出人才，这其中既有中国海洋学界第一位在国内获得博士学位的研究生孙孚教授，也有卡尔·古斯塔夫·罗斯贝奖章获得者、美国夏威夷大学教授王斌。他们循着老师指引的方向，在浩瀚海洋中乘风破浪、扬帆远航。

鲐背之年仍耕耘

进入21世纪，伴随着年事已高，体力和精力不如从前，文圣常从教学和科研一线退居到二线。但他还是想力所能及地为国家、为社会、为学校做点什么。

2002年,《中国海洋大学学报(英文版)》创刊,文圣常担任主编一职。文圣常始终坚持终审每篇待出版的文章,而且逐字逐句审查修改,既要确保文章的学术水平,更要维护学校的良好声誉。刚退居二线那会儿,文圣常还能坚持步行上下班,上午、下午、晚上,"三

文圣常为毕业生拨正流苏

班"下来,每天工作十几个小时,也还吃得消。后来在学校领导和周围同事的劝说下,"三班"又改成了"两班"。再后来,文圣常接受了脚踝部手术,走路、上下楼变得更加吃力,被迫由"两班"改为"一班"。最近,由于健康状况进一步下降,只好在家工作。他每周都会按时把学报送来的稿子修改好,从未耽误出版工作。周围的人都劝文圣常说:该休息一下了,这样太累了。他却说:"我从未觉得累,每个人的生活方式不同,我喜欢这样的生活方式,每天总是感到时间不够用。"2019年11月,他因身体不适住院治疗,从此不再从事学报的审稿工作。文圣常的一生都是平平淡淡的,他喜欢这种平淡的生活,能为社会做一点力所能及的事他就感到很高兴。

在中国海洋大学,提起"文院士""文先生",大家都肃然起敬,在广大师生心目中,他胸怀坦荡、崇德守朴的高尚品格,治学严谨、勇攀高峰的科学精神,淡泊名利、虚怀若谷的君子之风,永远是大家学习的典范。文圣常犹如一座精神的灯塔,为中国海洋大学的人照亮了前行的路,也指引着这所特色大学进取的方向。

相关阅读

背 影

王宣民（中国海洋大学新闻中心）

我与文圣常先生不相见已两年余了，我最不能忘记的是他的背影。

那年春节，正月初三，人们走亲访友贺岁贺年，最是喜气洋洋的日子。我带小儿到鱼山校区操场，打算痛痛快快地踢足球。走到操场边的三角地，看到一位裹着羽绒服手提公文包的老者，步履蹒跚地走来。仔细一瞧，那不是文先生嘛！忙上前向他拜年。先生拉着我的手说："同喜同喜，同福同福！"

先生和我祖籍都是河南，尤其是我当兵时曾在他的故乡光山县驻训一段时间，很是有感情。来到中国海洋大学后，一次采访先生，得知是同乡，感情就拉近了。最亲是乡音，一来二往，我便与先生成了忘年交。二十年来，先生没少帮助我，教导我，一有好事就想起我。

记得先生有一年在家乡中学捐资兴建了一座海洋希望教学楼，他把当地对此事的新闻报道资料都带给我，供我欣赏参考。校报对他捐资助学的义举报道以后，他把校报寄回家乡，让自己的亲戚晚辈学习并保存，并反复叮嘱他们不能拿他捐资助学这事儿向乡里县里要好处。

作为老院长、老院士、老教授，先生爱校如家，视生如子，几十年来谁也记不得他资助了多少青年才俊学有所成；先生有爱，海大有情，几十年来谁也记不得他获得的荣誉究竟有多少。记得有一年，先生写了一封感谢学校给他多种荣誉的感谢信，情动于衷，感人至深。在校报刊登后反响强烈。

先生一度和我一样，都是编辑部主任——我是校报编辑部主任，先生是学报编辑部主任。虽是一字之差，却也经常闹笑话，因为经常有来客、来电或来信找"编辑部"，张冠李戴。我不以为然，一推了之；先生却十分认真，一送到底。一次，先生亲自把他接到的教育部校报主编会议通知气喘吁吁地爬到五楼送给我，"这应该是你参加的嘛！没有误事吧？"如此这般给我当"通信员"的事儿不下三五次。先生就是这么认真。

一次，先生给我讲了这样一个故事：

"有一年，一位青年学生在我下班的路上跟着我，非要我回答是什么力量支撑我兢兢业业、勤奋工作的。我们走着谈着，直到快到我家。我回答这位青年学生的是关于价值观和责任感问题。作为一个人，与其他动物的差别在于有精神上的追求，物质不否定它，但精神上的追求更重要、更有价值。我告诉他，一个人生下来，就得到前人知识的恩惠，是负了前人债的。就是从普通人的狭义上讲，也应该有还债的意识、回报社会的意识。何况我们作为科研工作者，应该有更高一层的境界，不仅有负债、还债的责任感，还应该像居里夫人那样，无私地奉献自己，献身于科学。"

文先生蹒跚地继续向前走着。九十一耄寿，满头银发染；两耳近失聪，双目老花眼。岁月无情，先生老矣。一辆辆拜年的轿车擦身而过，我心里一阵阵发紧；先生似乎没有察觉，只顾自己低头前行。我望着先生背影渐渐走远，慢慢变成小黑点在挪动。许是风吹，许是情至，两眼不觉涌出两滴泪珠儿。

昨闻文先生荣获 2014 年中国教育"烛光奖"，深感名副其实。近两年，文先生在鱼山校区，虽然身体每况愈下，但只要身体能行，还是坚持到学校走一遭，办公几小时。我在崂山校区上班，很难与先生见上一面。唯独脑海中不时闪现着先生或休闲夹克或厚厚羽绒，提着包蹒跚前行的背影，且越发清晰。唉！一个学校，两个校区，说远不远，说近不近，我不知何时能与先生相见。

（该文 2015 年 2 月 1 日首发于新浪微博@王宣民，并入选当年"五个一百"网络正能量精品文字作品）

童坦君：
君子坦荡厚积薄发 衰老世界探究引领

■ 甄 橙（北京大学医学人文学院）

科学家励志故事 系列丛书·第三册

童坦君（1934— ），生于浙江宁波，1959年毕业于北京医学院，同年考入本校生物化学专业研究生，师从刘思职院士，从事肿瘤生物化学研究。1988年后转向细胞衰老的分子机理研究，建立细胞衰老评价体系，揭示p16等细胞衰老相关基因的作用机制、基因调控及信号转导机理；发现并克隆多个衰老基因，开展细胞衰老与整体衰老分子连接点的研究。曾任北京大学校学术委员会委员，现任北京大学衰老研究中心主任，中国老年学学会衰老与抗衰老科学委员会荣誉主任委员，卫生部老年医学重点实验室学术委员会主任。2005年当选中国科学院生命科学和医学学部院士。

1978年童坦君被教育部选拔为中美建交前52名首批访美学者之一，赴美从事肿瘤血管生长因子与燕窝糖肽的研究。学习结束时，获得美国国立卫生研究院（NIH）颁发的博士后研究结业证书，成为中国第一批获得美国国立卫生研究院博士后结业证书的学者之一。赴美期间，童坦君敏锐地觉察衰老研究的新风向，归国后旋即转向衰老研究。数十年如一日……发现衰老因子，建立细胞衰老评价体系，把中国衰老研究带入国际前沿；为谋国家科技长远发展大计，力主改革中国博士后制度；身为科学家以学术研究和传播科学为己任，积极创办网站开展科普宣传。

刻苦攻读——从中国到美国

1934年8月，童坦君出生在浙江慈溪江北区庄桥镇，一个稻花飘香的小乡村，家里事无巨细都由母亲打点，父亲则在上海的华成烟草公司当会计。虽然父亲有固定的职业，但毕竟只是个小职员，所以家庭条件比较艰苦。幼年的童坦君甚至连双合脚的布鞋都穿不上。由于营养不良，童坦君5岁时得了佝偻病，影响

童坦君：君子坦荡厚积薄发　衰老世界探究引领

到发育，身材一直没有长起来。

1941年，宁波沦陷在日本的铁蹄之下，读小学二年级的童坦君随母亲从乡下搬到了宁波市区。现在他还记得当时日军飞机经常对宁波进行轰炸和扫射。每逢听到日军飞机的轰鸣声，外婆就让童坦君躲在桌子下面。那时霍乱流行也时有发生，在童坦君就读的小学对面有一家医院，童坦君经常看见人活着进去却躺着出来。战火和疾病在童坦君幼小的心灵中留下深深的印记。

1942年，童坦君离开宁波，到上海投奔父亲，并考入上海清心小学继续读书。清心小学是一所教会学校，注重英语教学，童坦君在这里打下了良好的英语基础。1947年，童坦君凭借优异成绩考入上海育才中学，这所中学教学质量好且学费低廉，是穷人家的孩子向往的学校。1948年童坦君上初中二年级时，意外的事情发生了，他被同学传染上肺结核，被迫休学养病。当时国内已有链霉素，虽然治好了他的病，但是链霉素的副作用严重影响了他的听力。病愈后，童坦君不甘心落后同龄人，奋发努力，直接考取了光实中学的高一，追上了同龄的学生。休学期间，童坦君阅读了《鲁迅全集》《明史》《史记》等著作，文学修养显著提高，甚至萌生当作家的念头。但是生病的经历使童坦君更觉得健康重要，所以报考了医学院。

1954年，童坦君考入北京大学医学院医疗系，在追求民主与科学的"五四"精神影响下，童坦君对科研产生了浓厚的兴趣。大学二年级时参加了科研小组，获得了进入图书馆书库的资格，有机会饱览群书。没想到意外再次发生，1959年童坦君毕业前夕，在临床实习中被患者传染上了肝炎，必须住院休养。这种情况下，童坦君不能参加工作分配，只能继续做研究生。当时生物化

1955年春节，医疗系甲班于北京大学红楼前合影

1978年12月，童坦君于美国白宫前留影

学是大家公认最难的学科，童坦君知难而上，考取了北京大学著名生物化学家刘思职院士的研究生，开始肝癌大鼠的氨解毒研究。由于刻苦努力，学业顺利，1964年毕业后留校任教。

1978年，机遇降临，童坦君通过赴美留学选拔考试，首先进入美国约翰斯·霍普金斯大学学习，半年后转入美国国立卫生研究院进行博士后研究。

在美国学习的时间里，童坦君接触到细胞生物学和分子生物学，这些前沿科学开拓了他的眼界，使他察觉到世界医学领域里衰老研究的新动向，萌发了回国转向衰老研究的念头。

把握契机——从肿瘤到衰老

在美国国立卫生研究院做博士后期间，一次童坦君和吴秉铨去参加一个华侨聚会，吃饭时谈到回国的打算，大家觉得，中国即将面临严峻的老龄化问题，但目前只关注老年病的临床治疗和社会养老问题，而对衰老的基础研究重视不够，美国早已开展了该领域的研究，中国相对落后。

1981年童坦君回国后，恰好妻子张宗玉教授实验室里要处理一批年龄较大的小白鼠，白白处理掉太可惜，于是他们就"废物利用"用小白鼠做起了衰老实验，1982年创建了衰老分子机理研究室，其间童坦君仍然跟随刘思职院士做肿瘤研究。肿瘤是细胞过度生长导致，衰老是细胞停止生长导致，肿瘤和衰老之间是一对此消彼长的辩证关系。1988年童坦君第二次访美回国后，开始专一开展衰老的分子水平研究。1992年，张宗玉因公派赴美一年，童坦君因此全面接手张宗玉的衰老课题进行研究工作。1993年，童坦君成功申请中国自然科学基金项目"衰

1985年，童坦君与实验团队在实验室合影（从左至右依次为童坦君、龚秋明、陈鸣、许立成、黄平、陈林、石星源）

老分子机理与生物学年龄的研究"，也是他第一个衰老领域的重点研究项目，共获得58万元经费支持，这在当时是非常可观的资助。

最初从事衰老研究，童坦君主要是重复国外已有而中国还未开展过的项目。例如国外已开展端粒长度的研究，但中国人的端粒长度和外国人是否有差异？中国人的端粒每年缩短多少？男女是否有差异？测定端粒长度成为童坦君的一项重要工作。童坦君认为当务之急是追赶国际水平。局面逐渐打开之后，童坦君带领其实验室开始了创新研究，例如在基因水平上构建衰老指标、细胞衰老的基因表达调控研究等。

2000年，童坦君再次获得国家自然科学基金重点项目，开展"衰老的细胞与分子机理研究"。此研究以国际公认的人二倍体成纤维细胞为主要对象，童坦君团队首次确定了p16与端粒及细胞寿命的关系，系统揭示了p16影响细胞衰老的分子机制以及p16在不同年龄细胞中表达的调节机制。这些发现对细胞衰老的机制研究具有重要意义。此外，课题组创建了估算人类细胞"年龄"的基因水平生物学指征，建立了一套评估细胞衰老的定量指标，包括端粒长度、细胞增殖能力、衰老相关-半乳糖苷酶活性、晚期糖基化终末产物、DNA损伤修复能力、DNA 甲基化程度和线粒体 DNA 片段缺失的测定，以及"细胞衰老标志基因" α-2-巨球蛋白的表达水平等。这些成果均填补了国内空白，多数已处于科学前沿。

2007 年，童坦君团队承担了"细胞衰老相关新基因的功能"的研究。在此项工作中，童坦君率先将细胞生物学与分子生物学理念和技术引入老年医学衰老机理研究，从分子和细胞水平深入揭示衰老的生理过程。此次研究发现了 3 个与复制性衰老相关的新基因，包括延缓衰老的 RDL（replicative senescence down-regulated Leo1-like），CSIG（cellular senescence-inhibited gene）以及加速衰老的 TOM1（target of Myb 1），并对 RDL 和 CSIG 进行了基因克隆。研究发现，CSIG 通过抑制 PTEN 的翻译而延缓细胞衰老，RDL 可能通过抑制 p16 的表达而延缓细胞衰老，而 TOM1 则可通过促进 p16 和 p21 表达进而加速细胞衰老。同时还发现 p21 的新功能，即保护衰老细胞免于凋亡。

童坦君在负责的国家"973"项目课题"细胞复制性衰老的机制"研究中，围绕细胞复制性衰老的分子机制，解析了衰老的分子途径。此项研究通过确定模式生物"长寿基因"SIRT1 与 Lsh 基因在人类细胞的有效性，揭示了整体衰老与细胞衰老的分子连接点。童坦君及其团队发现 p16 可以在转录水平受 SIRT1、PPAR-γ、HBP1 等调控；发现原癌基因 ras 通过 HBP1 促进 p16 表达是其引起人类细胞早老的原因之一；发现 Nsun2 介导的 p16 3' 非翻译区甲基化是后者稳定性的决定因素之一。此外，还证明了泛素化 E3 连接酶 WWP1 可通过降解 P27 蛋白延缓细胞衰老。

2010 年以后，童坦君率领团队成员进行了"长寿基因 SIRT1 在细胞衰老过程中的转录调控研究"。此研究揭示了环境因素（激素、药物、氧自由基等）干预衰老过程的部分机制。首次报道 PPAR-γ 通过抑制去乙酰化酶 SIRT1 加快衰老进程，揭示了 PPARγ-SIRT1 负反馈环路调节的存在，证明了 SIRT1 在生理条件下可延缓人类细胞衰老，是整体衰老与细胞衰老的分子连接点。

童坦君团队在"表观遗传调节分子 FOXA1 与 HDAC4 对细胞衰老进程的影响及其机理"的研究中，在国际上首次发现了 FOXA1 除作为 p16INK4a 的转录因子外，还参与了 p16 INK4a 启动子区染色质构象的动态变化，而且 FOXA1 上游受到 PRC2 的抑制性调节，二者以相互拮抗的方式共同参与 p16INK4a 的调节。更重要的是，童坦君团队首次报道了与 FOXA1 结合的 p16INK4a 增强子元件，该元件中含有一个与2型糖尿病发生密切相关的SNP位点，其多态性直接影响了FOXA1的结合，进而影响了p16INK4a的激活及细胞衰老的进程。

童坦君领导的衰老研究团队，从无到有，开创了中国衰老基础研究的先河，获得了丰硕的成果，论文多次被国内外引用，得到了国际同行的广泛关注与认可。

目光高远——引介博士后制度

作为第一批在美国获得博士后证书的中国学者，童坦君感受到博士后制度为科学技术领域带来的优势，他将博士后比喻为科研的突击队，认为博士后是培养科学精英的必经阶段。博士后是处于创新思维最活跃的阶段，要想提高中国的科学研究水平并赶超世界强国，必须建立高质量的博士后队伍，充分发挥博士后的优势力量。

中国的博士后制度建立于1980年，经过20多年的摸索和精心培育，虽然初成规模，但是带有强烈计划经济色彩的中国博士后制度招收规定繁杂、限制多、科研项目的基础作用和导师的核心作用发挥不完善，导致了中国的博士后队伍相较于发达国家规模小、时间短、效率低，潜力发挥不充分。若要中国的学术发展能够拥有源源不竭的精英队伍，进一步提升我国的科研水平，就必须采取相应的改革措施。

2005年童坦君当选为中国科学院院士后，在院士大会上，他围绕着"提高质量，稳步扩大"的理念，本着市场化这一基本方向，与方精云和曾益新两位院士带头提出了中国博士后制度改革的提案。

首先，童坦君明确了博士后的定位。他认为博士后培养与研究生培养不尽相同。研究生以学为主，培养为辅，博士后则是"培养与使用相结合"，博士后是介于学生身份与工作人员身份的中间状态。在"培养"博士后的同时，要强调"使用、效益和产出"三个环节。对此，童坦君建议引入博士后竞争机制与鼓励机制。在既有封顶又有保底的情况下，根据博士后的资历和业绩给予相应的待遇和保障。

针对带有计划经济色彩的中国博士后制度，童坦君及多位院士联名提出"以项目为基础、以导师为核心"，作为中国博士后管理制度市场化运作的基本理念。这就意味着博士后的各方面管理都要从项目的需求出发，政府不再对博士后年限、学科种类、论文发表等条件做过多的规定与限制。导师可按需求决定博士后招收数目、在站时间长短以及待遇高低等情形。

童坦君认为，作为科学研究中坚力量的博士后，其数量要保证充足。他指出，国家应该增加投入，为博士后营造更好的科研环境以及生活质量，吸引更多的国内外优秀博士毕业生加入科研队伍中，以稳步扩大博士后队伍。

资金在博士后制度市场转型中也是一个重要的影响因素。童坦君强调，单纯地依赖中央财政专项经费招收博士后无法满足博士后事业的长足发展，经费来源多元化与投资主体多元化是博士后管理制度改革的必经之路。他提出，国家、科学院、研究单位、合作导师的共同经费支持是一个很好的模式。童坦君的建议得到积极响应，中国科学院成立专门小组开展博士后制度改革。

作为科学家，童坦君根据多年科研经验，考虑国家发展需求，分析并论证了博士后改革的必要性和举措，适时提出建议。今天，在中国的科研院所和各个高校，博士后已经成为不可缺少的科研力量，童坦君等多位院士功不可没。

相关阅读

从前沿研究到科学推广

2002年，童坦君的衰老研究成果获得了中国十大科技进展奖、中国高校的十大科技进展奖，入选中国公众关注的中国与世界十大科技进展。这使童坦君感到社会对衰老研究的关注度正在逐步上升。他认为应该寻找一个适合的途径向公众宣传衰老的知识。2003年，童坦君与北京大学医学部信息中心合作，开始筹建推广衰老知识的网站。

当选院士之后，童坦君更多了一份强烈的社会责任感。他认为，中国社会逐渐进入老龄化阶段，中国社会未富先老，他感到，自己的衰老研究不能够仅仅局限于实验室，而应该推广到整个社会。作为一个在实验室里做研究的科学家，他的目标不是创建简单的养生长寿的科普网站，而是要将最新的科研成果及时传播给公众，把科学推广当作一个产业，产业的核心不是商业牟利，而是树立品牌意识。所以，童坦君拒绝了上千万元的赞助，他坚持科学推广是公益性的，如果为企业做广告，那就有失公益，公信力也就小了。

童坦君为网站取名为"中华健康老年网"，他强调"健康"放在"老年"前面，寓意为老年也要健康，这才是可持续发展，而不是寿命虽长，却疾病缠身，增加了社会的负担。童坦君认为科学家做科学推广，能够带动一批同样做衰老研究的学者慢慢加入科学传播中。童坦君把科学传播比喻为一座桥梁，通过中华健康老年网将实验室科学与普通百姓生活联系在一起，通过网站上提供的科学信息，让公众了解最新的科学技术、最新的科学进展以及最正确的健康理念，为老年人更健康的生活提供科学指导和帮助。童坦君以一己之力，不仅在实验室的科研道路上辛勤耕耘，也为中国社会的健康发展默默地无私奉献。

胡皆汉：无学位的光谱波谱与结构化学家

■ 姜文洲（中国科学院大连化学物理研究所）

胡皆汉（1928— ），1928年7月出生，光谱波谱与结构化学家。1950年肄业于国立广西大学物理系。1950年4月到1958年6月先后在东北工业部、国家计划委员会、国家经济委员会从事行政工作；之后请调至中国科学院石油研究所（中国科学院大连化学物理研究所前身）从事科学研究工作，直至70岁退休。曾兼任中国光学会光谱委员会副主任、中国物理学会波谱委员会理事、《光谱学与光谱分析》副主编、《波谱学杂志》副主编、《结构化学》编委等职。在《中国科学》《物理学报》《美国磁共振学报》等国内外10多种科学期刊上发表科学论文240余篇，出版科学专著8本、文史性著作3本、画诗性著作2本。获国家、中国科学院自然科学奖与科技进步奖8项，获国家专利3项。

翻开近代中国科学史，从实践中获得知识成为科学家、军事家、艺术家等优秀人才的，在外国有许多生动的例子，中国也有许多生动的例子。像大数学家华罗庚在他进入清华大学进行数学研究之前是个无学位、只有中学程度的酷爱数学的青年。与华罗庚有点类似的胡皆汉大学只读了不到两年，30岁才进入中国科学院所属的研究机构，35岁开始接触研究工作，由于"文化大革命"等原因，45岁后才获得较为稳定的研究环境，52岁首次担任研究组组长，但他热爱科学研究、立志振兴祖国科学事业，按照国家科学研究工作的需要，刻苦自学有关科学专业知识，加倍努力研究，终于对国家的光谱、波谱与结构化学事业与科学创新做出了应有的贡献。

山鹰出谷——偏僻山乡出了个努力读书喜爱科学的青年

胡皆汉1928年7月出生于广东省罗定县（今罗定市）泗纶镇高寨村山乡的一户清贫农家。他7岁入村中高华小学读书时就喜爱算术，当时的算术老师经常在课堂上出许多算术题，看谁做得又快、又准、又多，胡皆汉几乎都是班上那个做得最快、最正确、最多的学生。因此，他多次受到老师的夸奖，这也激发了他最初对数学的兴趣。读初中时，胡皆汉曾获全校算术比赛第一名，班级物理比赛、化学比赛第一名。对同一几何命题，他总想做出几种不同的证法。

在广东省立罗定中学读高中时，胡皆汉继续对数、理、化努力钻研，曾在该校1947年校刊上发表过一篇古代《孙子算经》中有关不定方程求解的文章；获高中三年全级（两个班，100名学生）总成绩第一名。

大学期间，因参加革命工作，胡皆汉只读了不到两年书，于1950年4月肄业于国立广西大学物理系。大学一年级时，有一天，胡皆汉看到在香港出版的最新一期《新学生》期刊上登载了一篇文章《二角和差函数的新证法》，觉得该新证法画的辅助线较多、证法过于繁杂，自己便又做了一种只有一条辅助线而证法更为简捷的新证法，取名为《三角公式二角和与二角差函数之证法又一例》的文章，投寄于该期刊，不久便登了出来，当时还得了20元港币的稿费。这可算是胡皆汉在公开期刊上发表的第一篇数学简文。学生时代的经历激发了胡皆汉对科学的浓厚兴趣与今后从事科学技术研究的愿望与决心。

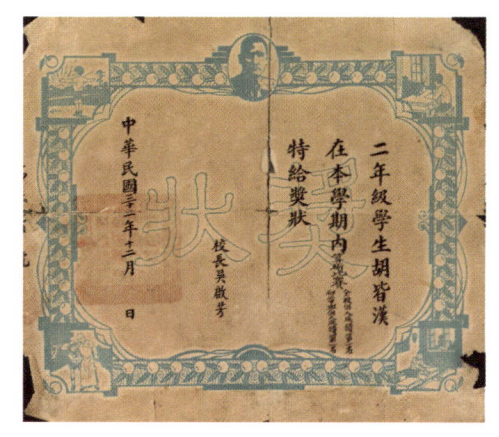

1943年12月，胡皆汉获泗水中学全校算术竞赛第一名

身在政屋望科楼

新中国成立初期，东北处于全国经济建设的最前线，怀着一股革命热情，胡皆汉离开广西大学，于 1950 年 4 月应聘到沈阳的东北工业部工作。之所以选择到东北工作，是因为他是觉得要革命（他读大学时参加了中共地下党）就应到实践中去，就应当到东北的工厂做实际性的科技工作，而不仅是在学校读书。本想到第一线做技术工作，但事与愿违，领导分配他留在东北工业部人事处工资科担任科员，负责审批整个东北工业部所属各厂矿工程师和厂矿长以上人员工资等级的工作。不久，与程连昌同志一起担任了人事处处长秘书。1952 年年初又被提升为人事处职工教育科副科长，行政 18 级（属县、团长级），负责全东北工业部职工出国留学或上大学等的审批工作。

1952 年年底全国各大行政区撤消后，国家在北京建立了国家计划委员会。胡皆汉与东北工业部的朱镕基（1998—2003 年任国务院总理）、程连昌、陈荫镔（几十年后担任了国家经委能源局局长）等人来到北京，成为国家计划委员会最早的工作人员。

国家计划委员会下设 10 多个局，朱镕基、胡皆汉被分配到燃料工业计划局工作，当时该局下设电业、石油、煤炭、综合 4 个组，朱镕基被任命为电业组组长，胡皆汉被任命为石油组组长，分别负责参与制订全国电业工业、石油工业的年度与第一个五年计划与长远规划。新中国成立初期，百废待兴，经济建设各项政策有待建立。当时石油工业生产远不够军用民用与建设所需，而石油资源又远未探明，天然石油与人造石油（主要由油母叶岩蒸馏而得）产量旗鼓相当，负责参与制订石油工业发展建设计划的胡皆汉、陈荫镔等人便向领导提出了大力发展石油工业、以天然石油为主同时兼顾人造石油建设、当前以石油资源探勘为主的石油工业建设三大政策，后来都得到了中央的批准。此后，以胡皆汉为主要起草人，以燃料局局长王新三名义在《计划经济》期刊上发表了一篇政策性论文《大力发展石油工业》，其后又立即从解放军抽调一师人从事石油资源探勘工作。历史证明，我国石油工业以后的发展和今日之所以能达到过亿吨年产量与上述制定的三大政策有着密切关系。

1956年，国家经济委员会成立，胡皆汉又被调到该委员会所属的石油工业计划局工作，担任该局综合组组长兼局长秘书，在行政等级上被提为16级，在技术职称上被提为8级工程师，一直工作至1958年6月。

胡皆汉在国家机关工作了8年，其间一直得到各级领导的赏识并几次晋升，即使在1955年"肃反"时因"历史问题"（1943年读初中时曾集体参加过三民主义青年团）被捕入狱半年，也没有影响他的前程。然而，他始终"身在政屋望科楼"，总是想实现少年时的"科技梦"。工作之余，他经常看科学家传记，1957年5月商务印书馆重印出版的牛顿的《自然哲学的数学原理》一书，胡皆汉一直珍藏到今天。

一次机遇——终于到了科研单位

1956年，周恩来总理代表党中央发出了"向科学进军"的伟大号召。深受鼓舞的胡皆汉立刻向领导提出，希望能被调往中国科学院数学研究所工作，但未能获得批准。

1958年夏初，胡皆汉所在的国家经济委员会石油工业计划局副局长洪琪随丈夫胡明调至大连中国科学院石油研究所任党委书记。洪琪是胡皆汉的老上级，知道他一向喜爱科学研究，到大连后便写信给胡皆汉问他要不要调到大连石油研究所来。胡皆汉收到信后喜出望外，1958年6月，他轻装简从、孤身一人来到石油研究所，踏上了通往科学研究的道路。

满怀热情和希望来到研究单位后，胡皆汉没有如愿以偿地马上到科研第一线做科研工作，而是在研究所学委会做了一年的事务性工作。不久，洪琪调离石油研究所到国营大连造船厂任党委副书记。1959年夏，胡皆汉被下放到旅顺区龙王塘农村劳动了一年。

1960年下半年，研究所所属的大连化学物理学院成立，当年便招了大学一年级三个班的学生，下放后归来的胡皆汉被任命为该学院物理教研组组长，负责讲授普通物理课程。那时，陈景润也从北京中科院数学所调到大连化学物理学院，与胡皆汉成为同事和朋友。胡皆汉得到讲授普通物理课的机会十分高兴，一来终于脱离了行政工作，二来也可趁此讲课机会补学自己过去未读完大学的不足。为了备好课，胡皆汉除查阅学习工科、理科各种版本的普通物理教本外，还随着教学的进行自学了理论力学、统计力学、电动力学、量子力学、原子物理、微积分、概率论、数学物理方法等，把它们融会贯通，并结合普通物理教程写出自己的讲义。学生对胡皆汉的讲课反应良好。在两年的教学中，胡皆汉不仅完成了教学任务，还自学了物理系学生所要学完的主要课程，这为他以后的研究工作打下了扎实的基础。

其后，大连化学物理学院解散，大连石油研究所于1962年改名中国科学院化学物理研究所。大连化学物理研究所的研究人员几乎都是来自北京大学、清华大学、南开大学、复旦大学、浙江大学等名校的大学毕业生或研究生，以及美国、苏联等国的留学生，多为工科出身，领导深感一些研究人员在理论知识上的不足，便成立了一个量子化学班，由从美国回国的王弘立博士给在职研究人员主讲量子化学。王弘立得知胡皆汉在大连化学物理学院讲授普通物理课反应良好，便请胡皆汉在该班讲授有关物理知识，这也使胡皆汉开始接触到量子化学的一些内容。

通过讲授普通物理学课程，所里一些研究人员渐渐发现胡皆汉具有研究的潜力。当大连化学物理学院于1963年解散后，研究所第一研究室光谱组组长关德俶便邀请胡皆汉到她领导的研究组从事振动光谱的振动分析工作，那时他35岁，已过了思维最活跃的年龄，但他信心十足。

振动光谱的振动分析工作是一项理论性的光谱研究工作，国内无人进行过研究，是国家新近科学规划里列入的一个研究项目。胡皆汉在进行此项研究工作时，既无人指导又无学习的地方，更无上面给定的具体研究课题，一切都由自己去做。初踏上研究之路的胡皆汉知道要做好此项研究工作，必须先打下牢固的理论知识基础，为此，他钻研了两本光谱理论上的经典名著，一本是哈佛大学著名教授E. B. 小威尔逊等著的英文版《分子振动——红外与拉曼光谱的理论》，另一本是诺贝尔奖获得者、著名光谱学家赫兹堡著的《分子光谱与分子结构》（两卷本）；同时到图书馆查阅国外有关光谱振动分析方面的英文文献。经过两年的刻苦努力，他不仅弄通了光谱的基本理论和国外研究的动态，还在化学激光研究组与大连市化学化工学会做了多次光谱理论报告。此外，他还在《物理学报》上发表了《环偶氮甲烷型分子的振动均方振幅矩阵》与《六氟化苯的面外振动》两篇有关光谱振动分析的论文，填补了国内在这个领域研究上的空白。同时，他还向化学激光研究组提出过几项后来国外都证实是具有创造性的研究建议，但因"文化大革命"而未能及时进行。

1965年，正当胡皆汉的研究工作有点进展时，他被派到农村参加"社会主义教育运动"。待一年后回到研究所，"文化大革命"已经开始，此后一连串的灾难接二连三地落到胡皆汉头上。他两次被抄家、两入"牛棚"。1970年年初，全家五口人又被下放到庄河农村。直到1973年6月，胡皆汉才从庄河农村调到旅大市轻化工研究所工作。

难得的、比较稳定的第二阶段研究工作

胡皆汉被调到旅大市轻化工研究所后，虽然那时"文化大革命"还在进行，但他却得到了一段比较稳定的学习时光。胡皆汉被分配到该所分析室，领导指派他做红外光谱的实用性、服务性分析，而不是理论性的光谱研究工作，于是他又从实用性的角度学习实用性的光谱专著。这方面最经典、最有名的一本著作是英国人L. J.贝拉米所著的《复杂分子的红外光谱》。胡皆汉钻研一番后，对全所各研究室送来的样品所作的红外光谱图进行了他们以前不能进行的解释，大大推进了他们的合成研究工作，受到全所的欢迎。

那时，法国正帮助我国建设大型的辽阳化纤厂，该厂建成后所需的20多种助剂要由我国自己生产，法国只送来了各种助剂样品，但不告知它们的化学成分与化学结构，我们需要先对它们的各种成分进行化学结构剖析。当时辽阳化纤厂想请旅大市轻化工研究所来做，但该所分析室从未做过任何分析研究工作，于是领导便指定胡皆汉为助剂剖析工作的负责人，带领分析室从事元素分析、化学分析、红外、紫外光谱、色谱等方面的人员共同进行剖析工作，又到省外有关研究单位画了有关助剂的核磁共振谱与质谱。胡皆汉不懂色谱、质谱与核磁共振谱等方面的知识，于是他又阅读这些方面的经典专著，并把学到的知识用于未知分子结构的剖析工作上。经过大家几个月的共同努力，终于把10多种助剂的成分与

分子化学结构弄清楚，并由胡皆汉执笔写出 10 多篇剖析报告在《助剂通讯》上发表。

胜利完成任务后，旅大市轻化工研究所获得了一笔很大的剖析费（够全所 200 多名职工半年工资的开支）。不久，辽阳化纤厂又把其余的 10 多种助剂的剖析工作交来，胡皆汉等人又对它们进行了剖析，并把剖析结果写成报告刊登于《助剂通讯》上。

在农业"以粮为纲，全面发展"的年代，氮肥增效剂的研制成了一个重要课题。胡皆汉在对该所氮肥增效剂研制中所做的主产品与 13 种副产物进行化学结构分析中，撰写了两篇有关氮肥增效剂结构分析的论文发表于《分析化学》期刊上。更重要的是，在服务性研究工作中，胡皆汉还自主进行理论研究，他发现它们的气相色谱保留值与其化学结构有密切关系，并首次得到了将分子化学结构与色谱保留值关联起来的普遍的重要数学公式，发表于 1980 年出版的《科学通报》数理化专辑上，此项研究于 1982 年获中国科学院科技成果奖二等奖。此外，在产品的核磁共振谱研究中，对难于解释的 ABC 三自旋体系，胡皆汉发展了一个不同于文献的新的归属方法并写成论文发表于《化学学报》上。

在旅大市轻化工研究所的 6 年多时间里，胡皆汉不仅扩展了学识领域，自学了红外光谱学、质谱、色谱与核磁共振波谱学等方面的专业知识，为自己以后的研究工作打下更为广泛、扎实的基础，而且把该研究所分析室的研究水平提高了一大步，在大连市甚至辽宁省首先购买了核磁共振谱仪与高压液相色谱仪。由于工作优异，胡皆汉先后获得旅大市轻化工研究所和旅大市化学工业局先进工作者称号，1979 年还获得旅大市化学工业局颁发的"个人科技成绩显著奖"。1978 年，胡皆汉成为七级（高级）工程师，工资也提升了一级。

晚年的研究时光——获得科研成果的黄金年代

1979 年，为了引进光谱方面的学术带头人，51 岁的胡皆汉被调回原单位大连化学物理研究所，被任命为该所第二研究室结构化学研究组组长。在副所长兼第二研究室室主任郭和夫的大力支持下，研究组先后购置了核磁共振谱仪、红外光谱仪、顺磁共振谱仪、荧光光谱仪、色谱仪等先进仪器，除按规定完成对全所各研究组的分

1980年，胡皆汉与恩师郭和夫在大连化学物理研究所门前合影

子结构分析服务外，胡皆汉还主动开展了对光谱波谱、催化剂红外吸附态、结构化学、药物化学、生物新分子、生物酶等多方面的研究。胡皆汉在此一直工作到1997年年底，其间，他先后被提升为副研究员、研究员、硕士生导师、博士生导师。在科学研究上，胡皆汉承担了大量的服务分析工作与抗癌新药等几项实用性的项目课题，并在创新研究中有所收获：发现生物金属酶一种重要的相互作用新现象；发现柞蚕丝蛋白结构上有新的多层分层结构；发现人发自由基浓度与人生长年龄及重大疾病有密切关系；发现几种很有实用前景的抗癌新化合物，其中一种已被批准为抗癌新药并在临床上应用；最先用红外光谱法证实了对催化基础研究有重要意义的氢的反溢流现象；建立了两种核磁共振测试新方法；提出了多种谱学与分子化学结构间的规律；首次在国内建立振动光谱计算机计算程序；把核磁共振的积算符理论推进至强耦合体系（国外文献只限于弱耦合体系）；确定了数百种新化合物的化学结构。此外，胡皆汉还多次参加国际学术会议，担任国际学术会议分会场的执行主席，并到美国大学进行讲学。

夕阳依然好

1995年，董金华博士论文答辩后合影（左三胡皆汉，左五董金华，左七郭永沺）

退休后的胡皆汉并未停止工作。最初的5年被原单位的有关研究组返聘为研究顾问；后又被大连大学聘为客座教授；大连理工大学与辽宁师范大学的有关教授还请他协助指导了2名博士后，20多名博士、硕士研究生，共同在《中国科学》《美国化学磁共振学报》等期刊上发表论文70多篇。退休后的胡皆汉撰写出版了8本科学专著、3本文史性著作，还独自按文献上发表的资料对氨基酸结构与遗传密码RNA中碱基间的关系进行了探讨，写了一篇创造性论文发表在2000年《分子科学学报》上。

截至2018年，胡皆汉在《中国科学》《科学通报》《物理学报》等10余种国内外学术期刊上发表科学论文240余篇约120万字。出版科学专著8本约238万字，分别为《红外与拉曼光谱的计算原则和计算程序》《分子振动——红外和拉曼光谱理论》《核磁共振波谱学》《破译分子——分子化学结构探究例解》《思维——人类探索大自然的强大武器》《紫外、荧光与图二色性光谱学基础讲义》《实用红外光谱学》《启思数学三编》。出版文史性著作3本53.1万字，分别为《秋虫集》《回眸科研情——一个科研工作者的回顾》《自由探索之追求——胡皆汉自述》。

此外，胡皆汉的夫人沈梅芳女士于1987年在大连化学物理研究所退休后，闲来学习绘画，历年来作画500多幅，胡皆汉在沈梅芳每幅画作中都题诗一首或两首。2014年，他们取其中的202幅结为1册，取名为《泷罗晚画》（注：因他们夫妻二人均出生于泷江罗定，而又为晚年之作），自费出版，以送亲友、同事、学生等。画诗生辉，夫妻唱和其乐浓浓。随附《泷罗晚画》插画 2 幅。

山鹰站松图

山鹰出谷遨长空，苍松一枝横天穹。

回首顾看历历程，度过多少霜雪风。

（原为胡皆汉所著《回眸科研情》一书封面而画）

月照梅竹图

科院白梅开，研所绿竹来。

笑看天地奥，明月赞贤才。

（获中国科学院研究生院画展二等奖）

相关阅读

生之魂

胡皆汉

生之魂,在生动,生命奥无穷。骤望眼,千万物种各不同。细窥探,基因演相通,脱氧核糖核酸遗传种,螺旋绕双龙,碱基构共。复有进化贯始终,生命源水中,几经几变,遍地花凤。你看那金碧辉煌的生命繁宫,遗传进化两相融,魂之所崇。

生之魄,在灵聪,精神妙无穷。神经细丛,人脑最灵动。眼鼻感光嗅,两耳听商宫,脑网信息汇,思维沟通,言语知识相为用,喜怒哀乐情种种,意志管行动。个中奥妙知几许?到如今,始启朦胧,正待学者去破朦。

科学研无穷。探新揭奥最为重,生命科学方兴隆,前沿课题待人攻。精实验,启思聪,继往、开拓、成系统。发现要丰,原理、规律又通,创新技术方隆隆,生产才繁荣,人人生活乐融融!魂魄之功。

注:这首诗是胡皆汉对生命科学研究的感怀而作。透过这首诗,我们可以看出胡皆汉不但科研严谨、对生命科学感悟颇深,而且诗文也情丰,不愧是一位笔耕不辍、文理兼备的学者。

李连达：毕生奉献中医药

■ 李贻奎（中国中医科学院西苑医院）

科学家励志故事 系列丛书·第三册

李连达（1934—2018），辽宁沈阳人。中国工程院院士，中药药理学专家，中国中医科学院首席研究员，中国中医科学院医学实验中心主任。中央国家机关"五一劳动奖章"获得者，第七届北京市人大代表，第八、第九、第十届全国政协委员。曾获国家科技进步奖一等奖、卫生部甲级科技成果奖。

李连达从事中医临床和基础研究60余年。20世纪80年代，在国内建立动物和人的心肌细胞培养方法，并用于中药研究向全国推广，至今仍在国内普遍使用；90年代，在卫生部领导下，负责制定了我国第一个中药药效学评价标准与技术规范，成为我国第一个官方认可的中药药效学评价标准及技术规范，迄今仍为全国遵循的标准；2000年以来，首创中药与自体骨髓干细胞经心导管移植治疗冠心病的新方法。

出身西医的中医医生

李连达出生在一个医学大家庭，祖父和父母亲都是医生，兄弟姐妹九个人中有七个是学医的。李连达1956年从北京医学院毕业后被分配到中医研究院西苑医院工作，其后拜赵心波老中医为师，开始从事中医临床工作。

亲身的临床实践使李连达对中医有了更深刻的认识，认识到中医不仅有丰富的临床经验、良好的治疗效果，更有完整的理论和独具特色的学术体系，不仅擅长治疗慢性病及功能性疾患，对于疑难重症、感染性疾患和器质性疾患也有很好的疗效。

有一次随赵心波会诊，一名患腺病毒肺炎合并败血症、高烧持续四周的2岁小儿几乎请遍了专家会诊、用遍了各种中西药，在病情毫无好转的情况下，经赵心波诊治后一周病愈出院。另一次是一例被拖拉机撞成严重脑挫裂伤的患者全身瘫痪、神志不清，经半年多治疗仍无好转，经赵心波会诊治疗两个月后，患者逐渐恢复。这两件事给李连达带来了极大震动，他下定决心学好中医，终生为中医事业做贡献。

1958年，国内麻疹流行，很多是合并腺病毒肺炎，病情凶险，病死率很高，当时中药最大的困难是口服汤药很难迅速见效，如果能把中药做成速效、强效的注射剂，就能争取到进一步治疗的时间。李连达希望进行中医药的实验研究，把中药做成注射剂。但是当时领导及老中医认为搞实验是不务正业，认为这是用兔子、老鼠变相消灭中医。李连达就利用节假日、晚上的时间做实验，没有经费就用自己的工资买动物做实验。但是实验刚刚开始就被勒令停止，李连达第一次尝试用现代科学方法研究中医中药就这样以失败告终。

在此后十多年的临床工作中，李连达始终怀揣着中医科研的梦想，但限于当时的环境与条件，一直未能如愿。

终于在1974年，李连达的中医科研之路迎来了大转折——得到新任院领导严荣院长和齐雷书记的支持。做了17年儿科医生，已是医疗、科研、教学经验丰富的主治医师的他，放弃从事十几年的中医临床工作，从零开始研究中药，下决心解决治病救人的难题。

当时条件非常艰苦，领导了一间9平方米的卫生间做实验室，在抽水马桶与洗澡盆上面放两块木板便成了实验台。李连达拿着领导给的400元科研经费在无数质疑声中开始了研究工作。李连达坚定地认为中药现代化是当时中医药发展最需要开拓的工作。他在这间实验室，在木板搭成的实验台上完成了第一个实验"冠心Ⅱ号对大鼠应激性心肌小血管内血小板聚集的影响"。当第一个实验完成并发表论文后，他得到了中医界的一些领导和医生的支持。过去只知道中药能治病，但是为什么能治病说不出道理，李连达用大量实验说明了中药的作用原理，为中医药现代化起到了示范带头作用。

李连达回忆起当年买实验动物的情景时常说："买大鼠、兔子，就自己骑着自行车，在后驮架上挂两个铁篮子装着运回来。买狗，就拴根绳，绑在自行车上，狗在车后跑，街上小孩也在后面跟着跑。"科学的道路是不平坦的，在研究工作取得一些成果时，人们看到的是撒满鲜花的阳光大道、是胜利的喜悦、是红花与奖状。然而，很少有人知道每一项成果、每一张奖状凝结了多少血和汗，要付出多么沉重的代价。1981年年底，李连达在实验室搬动几百斤重的水泥解剖台时，腰部严重损伤，椎间盘脱出，坐骨神经损伤，剧痛难忍。本应立即住院治疗，但由于全国首届中西医结合大会召开在即，而他又承担了大会专题报道及分题总结的任务，为了中医事业的发展，为了中西医结合工作能够开创新局面，他强忍剧痛，带病工作，坐着轮椅参加会议，每日靠着度冷丁止痛，坚持开完会议。大会结束时，由于延误治疗、没有合理休息，他病情恶化，卧床一年多才康复。

创新中药实验方法，领衔制定评价标准

20世纪70年代，中医药科研刚刚起步，研究方法有限。当时李连达的想法是：既要注意中医药特点，又要吸收国内外先进方法，在借鉴的基础上加以创新。"心肌细胞培养在中医药研究中的应用"是李连达1978年在国内首次建立起来的培养方法，培养成功了乳鼠心肌细胞，并在培养瓶中连续搏动106天，达到国外先进水平。随后又培养成功人胚心肌细胞，建立了生理、生化、形态等各种观测指标，在此基础上首次将培养心肌细胞用于中医药研究。进而又建立了心律失常、缺血样损伤、免疫性损伤、中毒性损伤及心力衰竭等各种细胞病理模型，观察了中药复方、单味药及单体对上述病理模型的治疗作用，克服了一系列理论与技术上的困难，使中药研究进入了细胞及分子水平，体现了"洋为中用，古为今用"的原则，先后完成十几项研究课题、举办了3届全国学习班，使这一先进技术迅速普及全国。1981年，这项研究工作获得国家卫生部科技进步奖甲级奖。

1984年9月，李连达在西苑医院基础医学研究室进行中药研究

我国 1987 年颁布了新药审批办法，但由于当时没有药理学标准，新药审评工作难于标准化、规范化，研究新药非常困难。卫生部委托李连达负责这项工作。李连达不负众望，克服重重困难起草了四十多种疾病的药效学标准，使中药研究水平大幅提高，在很大程度上推进了中药新药的研究及审批工作。该标准于 1992 年由卫生部印发全国，成为我国第一个官方批准、学术界公认的中药药效学评价标准及技术规范，并沿用至今。

胸怀坦荡，仗义执言

李连达一生的信念是"热爱祖国、热爱人民、热爱中医事业"。

李连达在从事繁忙的医疗和科研工作的同时，十分关心群众的疾苦和中医事业的发展。在担任北京市人大代表、全国政协委员期间，他积极地向国家领导反映中医事业和群众关心的实际问题和困难。他满腔热情地表示："要把毕生精力献给中医事业，鞠躬尽瘁，死而后已"。他一生刚直不阿、敢于讲真话，反对趋炎附势、阿谀奉迎。

2000 年以来，医患纠纷严重，广大医务人员成为众矢之的。由于当时的舆论导向和舆论压力，没有人敢站出来为医务人员主持公道。在政协会议上，李连达代表医药卫生工作者提出，医患矛盾激化的责任不在医生，主要原因是一些社会矛盾和医疗体制机制的欠缺不能及时解决，强调绝大多数医务人员勤勤恳恳、任劳任怨，为保障人民健康做出了卓越贡献。希望能够采取有力措施，确保医务人员的合法权益与人身安全，恢复白衣战士的社会声誉，充分调动医务人员的积极性。

随着中药使用范围的扩大等原因，中药不良反应案例增多，国外刮起一股禁用中药风，国内也有人全面反对中医中药，特别是中药注射剂出现一些严重不良反应事件后，又一次掀起了全面禁用中药的狂潮。当时有些群众不明真相甚至失去了对中医中药的信任，这对中医事业的发展是一次致命性的打击。

在此情况下，李连达据理力争，指出中药注射剂在抢救危重患者时的重要性和不可替代性，提出"要实事求是地对待中药（特别是中药注射剂）的不良反应，采取积极而慎重的态度，加强研究工作，改善药品质量，提高安全性及有效性，确保广大患者的用药安全"。同时，他向卫生部领导提出相关意见建议，并很快得到了陈竺、高强、王国强、邵明立四位部长的回函，表示完全同意他的意见，大力支持这项工作，并要求有关部门立即贯彻执行，为挽救中药注射剂、保障广大群众健康与用药安全，也为保证中医药事业的健康发展做出了积极贡献。

李连达把毕生精力献给了中医药事业，而他却自认为是"小大夫"，做出一点微不足道的贡献，与师兄弟及其他专家学者相比差距甚远。因此，他总是强调学海无涯，自己的知识有限，应该活到老学到老。

中医中药是几千年来中华民族与疾病斗争的宝贵经验的结晶，是民族繁衍昌盛的保证。过去的传统医学是古代科学的一部分，属于经验医学；当代的传统医学则是从古代科学向现代科学发展、从经验医学向精准医学发展，随着社会的发展、科学的进步，应该与时俱进、持续发展。

李连达认为，传统文化（包括传统医学）不应停留在2000年前的水平，我国的传统文化（包括传统医学）也要不断发展、创新，应该在继承发扬的基础上大力推进中医中药的现代化、标准化、科学化。他认为我国医学的未来发展应该是中医、西医及中西医结合长期共存、同步发展、团结合作、优势互补，共同为我国人民的健康服务，为全人类的健康服务。因此，他不同意"西医消灭中医"或"中医吃掉西医"的提法，不同意中西医相互对立、互相排斥、互比高低、以己之长攻人之短。在学术问题上可

2008年12月，李连达在台北市参加两岸中草药合作及技术交流论坛

以有不同看法、有争论，体现百家争鸣、百花齐放，但不应把学术之争变成人身攻击、派系之争甚至帮派之争。不应无限上纲上线、扣帽子、打棍子，不要用政治手段解决科学问题、用行政措施干涉学术发展。

李连达常说，人的生命是有限的，但是热爱祖国、热爱人民、热爱中医事业的热情是无限的、是永生的；要积极、乐观、勇敢地面对现实，坚守诺言，为中医药事业的健康发展鞠躬尽瘁。

相关阅读

坚强乐观的抗癌老人

李贻奎

李连达老师大学时期学的是西医，毕业后被分配到当时刚刚成立不到一年的中医研究院西苑医院从事中医工作，已经六十多年。在这六十多年时间里，李连达老师经历了人生事业跌宕起伏和艰难的摸爬滚打，也从最初的西学中班学员到住院医生、主治医生成长为中医科学院首席研究员、中国工程院院士。已经80多岁高龄的李连达老师依然坚持工作。

李连达老师在79岁时不幸被诊断为胰头癌，发现之后病情急转直下，迅速进入病危状态。81岁时又确诊患有弥漫大B淋巴细胞瘤，发展异常迅速。在两年内先后患两种恶性肿瘤，就是身强体壮的年轻人能够安然度过的概率都是很小的。

世界上没有奇迹，一切事物都应该是有原因的。现在回想起来，四年前从发现到治疗、到康复的过程都还历历在目。

尽快明确诊断

在2013年11月，发病前一周，李连达老师还在参加学术会议，会议一结束就感觉身体特别疲惫，在医院进行了初步诊断，医生要求他立即停止工作，等待检查结果。但因几个月前已经答应参加广州会议，他必须言而有信、不可失约，于是带病赴广州参加会议，做完大会报告后即感体力不支，几乎不能进食，当天紧急回京检查，发现肝功能异常、黄疸严重。住院后迅速进行了相关的B超、核磁、petCT等多项检查，结果诊断为胰腺癌（胰头癌），已经压迫胆囊、胆管、胰腺及门静脉，全身黄疸如橘皮，胆红素指标极高，病情急剧恶化。手术需要切除胆囊、胆管，部分切除胰腺、胃、十二指肠五个器官，再进行胃肠吻合、胰肠吻合和胆管肠吻合，风险之大不言自明。

在住院期间，李连达老师也在体会自身病情的发展和变化。有一天，李连达老师说想要一本肝胆胰外科学的书，让我去图书馆借一本。拿到书后，他根据自身病情，对照书中的内容，画出了肝、胆囊、胆管、胰管、胰、食管、胃、十二指肠、小肠的图片，有些地方还用红色标记分别标注出了几张手术示意图。

正确面对，积极治疗

患者的恐惧、紧张、悲观、绝望是促进肿瘤恶化发展和死亡的重要原因。而胰腺部位的癌症又被称为"癌中之王"，如何治疗是一个难题。当时想对他隐瞒病情，但是对于一个从事医学工作几十年的老医生来说，他对自己的身体状况有着非常明确的认识，他已经给自己做出了诊断，但是他却表现得坦然、坚定、乐观，仍然谈笑风生，毫无紧张、恐惧、悲观、绝望的情绪，反复强调："无论什么样的检查一定要尽快告诉我，什么样的结果我都能接受"。

当时有两种治疗方案，第一种是手术治疗，可能会争取到较好的结果，但是手术的风险极大，很可能下不来手术台。第二种是保守治疗，进行放疗、化疗及中药等抗肿瘤疗法，不会有即刻危险，但是放、化疗的毒副作用以及年老体弱对于放、化疗的反应问题难以解决。不做手术，后果可能更为凶险，也许只有2~3个月的存活期。两种方案都非万全之策。

当主管医生和家属都在犹豫不定时，李连达老师立即向医生提出手术作为第一治疗方案，并特别交代："术前、术中、术后发生任何意外情况，均由本人负责，不由医务人员承担"。在李老师一再明确要求下，主管医生终于下定决心尽快安排手术。准备手术的前几天，李连达老师还拿着这几张亲手画的手术示意图给我讲了手术方法，需要切除哪些器官，做哪些器官吻合。他讲解时有如上课讲学，似乎与己无关，说明他早已将自己的生死置之度外，有了充分的思想准备。在进手术室前10分钟，他还将一份对一位院士的研究工作提出的意见与建议手稿交给我。

思想坚定，情绪乐观

送李老师进手术室时，亲朋好友心情沉重、情绪紧张。他为了安慰大家，竟然开玩笑说："我已万事俱备，只欠一刀，回头见。"他坚定、乐观的精神使我们很受感动。手术直到下午2点多才结束，所幸手术顺利，术后一年，李老师的身体逐渐恢复。

但不幸的是，两年后李老师又患上了淋巴瘤。有了上一次的经历，这次的诊疗过程和治疗方案的确定都及时和李老师进行了沟通交流，经

2014年1月，李连达与病区护理组合影

过 8 个疗程的化疗和 23 次放疗及中药治疗，淋巴瘤得到控制。李连达老师再一次死里逃生，身体逐渐康复。

康复后的李连达老师经常到研究室指导工作和研究生课题。除了科研、教学外，他还关心国家大事，并在《科学网》发表了 200 多篇博客文章，大到社会现象、医药行业发展，小到大学生、幼儿园的问题。同时，李老师在学术期刊上发表了对中药发展及新药审批的建议等方面的 10 多篇文章。

李连达老师以他顽强的意志、乐观的精神，为广大癌症患者树立了良好榜样。

石钟慈：于磅礴中上下求索

许 清（中国科学院数学与系统科学研究院）

石钟慈（1933— ），生于浙江宁波，数学家。1955 年毕业于复旦大学数学系，1956 年赴苏联科学院 Steklov 数学研究所攻读计算数学。1960 年到中国科学院计算所工作。1991 年当选中国科学院学部委员（院士）。曾任中国科技大学数学系主任、中国科学院计算中心主任。几十年来，他对有限元方法进行了系统深刻的研究，取得了独创性的研究成果。20 世纪 80 年代起研究非协调有限元方法的收敛性，发现了非协调有限元奇特的"错向收敛"现象，提出了一种新的判别非协调有限元收敛性准则，证明了工程界一些有重要应用价值的单元的收敛性。这是迄今国际非协调有限元研究领域的最深刻、最系统成果。曾获中科院重大科技成果奖二等奖、科技进步奖一等奖、国家自然科学奖三等奖、华罗庚数学奖和何梁何利科技进步奖。曾任国家攀登计划项目首席科学家。

走上计算数学"不归路"

石钟慈于 1933 年 12 月出生于浙江鄞县，家庭贫穷。但因为江浙姜山乡一带是著名的进士村，有让子女读书的传统，小时候的石钟慈又非常聪明，父母都非常支持他念书。他的童年、少年一直生活在宁波，直到 18 岁考上浙江大学，才离开生他养他的地方。此后走南闯北，但他从未忘记自己是宁波人，一直以是宁波人而自豪。

1948 年，石钟慈考入宁波省公立中学。高中阶段极其艰苦，学生们住在庙里，与和尚同吃同住。但是，老师们的严格要求和高水平教学给石钟慈留下了深刻印象，也给了他深远的影响。石钟慈对数学产生兴趣也是始于高中。高中时的数学老师翁贤滨是一位能够传授数学魅力的好老师。

上高中时，石钟慈很喜欢去宁波中学图书馆。他经常到图书馆看《万有文库》，这套书是 20 世纪早期最有影响的大型现代丛书，共有 1721 种、4000 册，对他开拓视野、培养多方面兴趣以及增长知识起到了重要作用。石钟慈不仅阅读自然科学，并通过阅读培养起对哲学、历史、文学、艺术的兴趣，他还读了许多关于音乐方面的书以及音乐家传记，由此，他迷恋上音乐，这后来发展为石钟慈的"第二最爱"。他高考时的第二志愿就是中央音乐学院。

1951年，石钟慈考上位于杭州的浙江大学数学系。但是，把浙江大学数学系读下来可不容易，那时数学有"南浙大、北清华"之说，浙江大学的数学系有陈建功、苏步青、徐瑞云等元老名师。

大学一年级时，徐瑞云教微积分，她要求学生无论如何要把微积分学好，规定70分才算及格。1952年秋，全国院校调整，石钟慈来到复旦大学读二年级。这里集结了华东地区最好的数学师资力量，比如从同济大学调来的杨振宁的父亲杨武之先生还给他们讲过一年的高等代数。

1955年，石钟慈有幸在陈建功的指导下完成了单叶函数论的大学毕业论文，这是一篇相当出色的论文。为此，当年的《解放日报》还发表了新华社文章，称赞他论文的创新性，后来该论文在《数学进展》上发表。大学毕业后，石钟慈被分配到中国科学院数学研究所工作，在这里，他的研究生涯经历了从基础数学到计算数学的巨大转变。

彼时，计算数学在中国还是零。不仅石钟慈不知道，连主持总体学术工作的华罗庚心中也没底，他们只知道计算数学作为计算技术的组成部分被列入了国家规划。虽然石钟慈当时并非情愿转行，但在华罗庚强调了学科的重要性特别是了解了计算数学对国防和国计民生的重大意义后，石钟慈接受了这个重任，成为华罗庚手下最早搞计算数学的人之一，从此开始了他的计算数学人生。华罗庚带领着这批年轻人一起摸索、探讨。在华罗庚的鼓励指导下，石钟慈最终留在计算数学这个领域。

石钟慈于1956年首批赴苏联科学院Steklov数学研究所攻读计算数学。当时苏联的计算数学可以和美国媲美。在学习四年之后，石钟慈才算对计算数学有了认识。这段经历

石钟慈在莫斯科留学时的留影

让他有幸认识了索伯列夫、盖尔芳德等世界著名的数学家，同时也幸运地"躲"过了当时国内的"反右"运动。1960年石钟慈回到祖国，此时，有更为艰巨的任务等待着这个年轻人。

跟有限元方法"较劲"

计算数学需要数学模型、算法，最后由计算机实现，而直到1958年，中国才真正有了自主研制开发的计算机。

石钟慈从苏联留学回来后，就研究起了有限元方法，这在飞行器、火箭、宇宙飞船、建筑、汽车等领域都能派上用场。

石钟慈希望能够解决一个真正的数学难题，而原先西方的有限元方法在理论方面还比较欠缺，虽然用于一般的物理、工程等方面已经足够，但作为纯数学还不够严密。于是，他在有限元方法中找到了空间，并决心好好干一场。

20世纪60年代，毛泽东发出指示：一定要把淮河治理好。当时石钟慈加入了由冯康领导的研究团体，搞大坝的数据研究。他们所掌握的方法与西方20世纪50年代的有限元方法十分接近，通过石钟慈等数学家的不懈努力，到20世纪70年代，西方科技界承认中国是有限元理论的第一国家。

在中国科技大学任教期间，石钟慈被分到计算方法研究室32组，专攻水坝设计，当时的负责人是冯康。按照石钟慈的说法，如果说华罗庚为他指明了计算数学这条未来的研究道路，那么冯康就在具体实践的层面上教会了他

石钟慈在中国科技大学办公室

如何搞计算数学。

因计算数学人才紧缺，经冯康安排，石钟慈正式调入中国科技大学任教，负责这个新兴专业的建设。当时华罗庚任中国科技大学数学系主任，冯康、吴文俊任副主任，石钟慈任计算方法研究室副主任。从此，石钟慈开始了他的教学生涯，从最初的编写教材、讲课、上机和带大学生的毕业论文，到后来的指导硕士生、博士生。

"文化大革命"期间，华罗庚等人成了"反动学术权威"，石钟慈跟着一起挨批。石钟慈痛心地说，"在世界范围内，人家一直都在工作，我们却被迫停了下来。实际上还不止十年，从1960年开始到1980年，差不多20年时间，其中绝大部分时间都浪费掉了。"

20世纪80年代，石钟慈在冯康的大力支持下得以回到北京。之后，他对有限元方法进行了深入的思考。厚积而薄发，石钟慈凭其坚实的基础数学能力，在计算数学的理论和应用研究中取得了多项创造性成果以及对工程计算具有指导意义的处于国际领先地位的独创性研究成果，促进了有限元方法的重大发展。

20世纪80年代，华罗庚和石钟慈合影

石钟慈做学术报告

石钟慈做攀登计划汇报

1980年和1986年，石钟慈两度获得中国科学院自然科学奖，1987年获得国家自然科学奖，2000年获得何梁何利科学技术进步奖，2003年获得华罗庚数学奖，1991年当选中国科学院学部委员（院士）。

上下求索

1981年，已经48岁的石钟慈决定去国外深造。受大学老师徐瑞云的影响，他想到德国进修。

经华罗庚、冯康和吴文俊推荐，石钟慈申请到了德国的洪堡基金，师从法兰克福大学施图默教授，开展非协调有限元的研究。施图默在德国培养了几个十分出色的学生，现在德国两个国际一流的应用和计算数学家弗莱泽和拉纳格都是他的学生。

石钟慈对这段经历印象深刻："虽然当时已年近50岁，超过了申请洪堡的年龄，但是因为'文化大革命'的原因，对中国人放宽了年龄。我当时比其他同学大10岁，刚去的时候，一点把握也没有，非常紧张，因为完全是新的东西，基础不够，还要从头学习一门德语，心理上、生理上承受着巨大压力。然而，德国人一丝不苟、诚实守信的民族品格，以及他们在科学、哲学、法律、音乐、文化和艺术领域的先进水平给予我极大感动，正所谓置之死地而后生。凭借青年时代在浙江大学、复旦大学和苏联留学期间打下的坚实基础，加之深受德国精神的影响，通过大半年的拼死一搏，终于赢得了施图默的信任。"

后来施图默还给冯康写信，称石钟慈是非常突出的优秀科学家，应多给他机会。在非协调有限元这一领域，施图默认为石钟慈是他最主要的继承者。在德国的两年多时间成为石钟慈科研工作的重要历程，"后来计算数学的工作都是从这里开始的，没有这次出去，我的科研工作就会停留在80年代初那个时期的水平"。从这里可以看出，洪堡的学习对于石钟慈进一步取得成就有莫大的帮助。

石钟慈首先是一位高校教授，其次才是一个研究所的所长，他在中国科技大学度过了 25 个春秋。1985 年，冯康 65 岁，担任中国科学院计算中心主任已有 8 年时间，他要找一个接班人。在众多人中，他看好石钟慈，然而调回来谈何容易？1986 年 10 月，冯康通过中科院干部局把石钟慈调回自己身边，成为接班人，用冯康的话说："在我退休之前，要把他调回来，都是为了计算数学。"

石钟慈回到中国科学院计算中心之后，正遇上改革开放的大好时光，各项事业欣欣向荣。他们共同努力，于 1990 年成立了中国科学院科学与工程计算国家重点实验室，石钟慈担任室主任，并于 1991 年和 1996 年连续两期获得国家攀登计划项目"大规模科学与工程计算的方法和理论"的资助，冯康与石钟慈分别担任一期和二期的首席科学家。这对中国计算数学的发展是非常重要的一步。石钟慈说，这个项目立项后，计算数学在国内站住了脚，因为得到了国家的支持和重视。这固然有这个学科在国际上普遍受到重视的大背景，同时也是冯康等科学前辈孜孜以求所得到的发展机遇。后来，攀登计划项目演变成"973"项目，中科院计算数学所相继获得了两期"973"项目支持，一大批中青年研究人员正在从事这个学科的研究，石钟慈的很多学生在这一领域做出了很多国际一流的工作，"就整个计算数学而言，中国在国际上是居于前列的"。

师生双赢，桃李天下

石钟慈课讲得好，很受学生欢迎，多次被评为优秀教师。中国科技大学原校长朱清时曾在回忆文章中称赞石钟慈的授课。"我是很喜欢讲课的，受华罗庚影响，也受苏联那些导师的影响"，石钟慈认为，"研究人员一定要上课，一定要带学生，这样才能使研究人员的思想更活跃。完全不上课、没有学生的研究院所的体系是有缺陷的，不利于研究。"虽说中国早期的科研模式是学习苏联的，但是苏联科学院的科学家们都上课。他在苏联学习时，苏联科学院数学研究所的柯尔莫戈洛夫、庞特里亚金、彼得洛夫斯基、盖尔范德等都是院士，这些人既在苏联科学院研究所工作，同时又在莫斯科大学或其他学

1990年，冯康（中）、崔俊芝（左）、石钟慈（右）合影

校任教。

　　石钟慈认为，教书不但不影响学术研究，还能够互相促进。年轻人有自己的思维，头脑灵活，能够提出很多问题，对于教书的人和学习的人都有益处。

　　如今，石钟慈的学生遍布天下，许多学生已成为国内外计算数学的学科带头人，比如中国科学院院士、中国科技大学校长朱清时，长沙国防科技大学副校长、军工专家齐治昌等，而许多学生至今也念念不忘这位昔日的恩师……

相关阅读

这是一个特别感恩的人

许清（中国科学院数学与系统科学研究院）

　　在多次访谈石钟慈时，每次都能重复得到这样的信息："我能有今天，得到了太多人的帮助，有华老（华罗庚）教我学计算数学，冯康先生和德国导师施图默的教导和帮助，吴文俊等人的帮忙推荐，夫人施善的一路陪伴……"

从这里我们可以看出，石钟慈是一个特别懂得感恩的人，也是一个十分念旧的人。他经常说，"是华罗庚先生指导我学的计算数学"。1955年秋，石钟慈从复旦大学数学系毕业，分配到中国科学院数学研究所工作。当时的所长是传奇数学家华罗庚先生。这里可是许多数学学子们梦寐以求的地方，石钟慈特别高兴。然而，有一天，华先生找他谈话，很严肃地说："根据国家需要，组织分派你去搞计算数学。"石钟慈一下子蒙了，什么是计算数学？数学研究所里哪几个名家是搞计算数学的？要知道在大学期间，他跟当时很有名望的陈建功先生学函数论，毕业论文还被《解放日报》报道过。他踌躇满志地来到数学研究所，一心想继续函数论研究。但跟华先生的那次谈话使石钟慈的这个梦想彻底破灭了。说实在的，他很不乐意。华先生似乎看懂了这个年轻人的心，耐心地跟石钟慈讲解新中国的科学规划以及科学工作者的责任，鼓励他根据国家需要去学习计算数学。

为了国家的需要，不懂也要去学，华先生那种敢于探索的勇气和一片赤子爱国心激励了石钟慈。华罗庚亲自带着一批年轻的大学毕业生一起探索、学习最初步的计算数学。这种形式的讨论班从1955年下半年开始，在数学研究所坚持了半年多。可以说，这是新中国计算数学的开始。在此期间，石钟慈从不很愿意到跟着走，到最后心甘情愿地留在计算数学这个领域，成为中国计算数学队伍中最早的一批。华罗庚则算是中国计算数学最早的领导人。

冯康先生也是石钟慈最感恩的人。石钟慈认为，冯康先生是真正的中国计算数学的奠基者。1955年，大学毕业的石钟慈与冯康有了结识之缘。石钟慈从苏联学习回来，就到冯康的团队做研究。石钟慈与冯康的师生情谊也一直延续着。1985年，冯康65岁，担任中国科学院计算中心主任已有8年的时间，他要找一个接班人。在众多人中，他看好石钟慈。1986年10月，冯康通过中科院干部局把石钟慈调回到自己身边，石钟慈也就此成了冯先生的接班人。用冯康的话说："把他调回来，都是为了计算数学。"后来，石钟慈与冯康共同努力，于1990年成立了中国科学院科学与工程计算国家重点实验室，并于1991年和1996年连续两期获得国家攀登计划项目"大规模科学与工程计算的方法和理论"的资助。

说起吴文俊先生，石钟慈说，"当年我申请洪堡基金留学，就是华先生、冯先生和吴先生三位的共同推荐。他也在其他很多地方帮助过我。"

龚昇是石钟慈的老朋友了。他们一起在中国科技大学教书，互相帮助，友谊之情渗透在点点滴滴中。

石钟慈也特别感谢他的老师们，"陈建功先生指导我的大学论文，徐瑞云先生给我们上数学基础课，我去德国留学还是受他的影响，高中老师翁贤滨给我传授了数学魅力……"

他也怀念他的亲人们给予的帮助：父母的生养之恩，表姐妹蔡联欢、蔡文欢的无私帮助和鼓励，姐夫邱梅卿对他的资助和支持……

石钟慈更是多次提到，这么多年，每个时期、每个阶段、每个过程都被那么多人帮助过，有记得名字的，也有记不得名字的，可是感恩之情没有少。所以，在自己有点成绩后，一直努力做些事情回报国家和社会。老年后继续发挥余热，带学生、做科普，做一些公益活动，甚至很多时候也会在科研的一线看到他的身影……

鞠躬：一位神经生物学家的成长之路

■ 冯步云（江苏省科技厅）

鞠躬（1929—　），生于上海市，原籍安徽绩溪，神经生物学家。1952年毕业于湘雅医学院，同年被选派到北京协和医学院解剖学高级师资班接受培训。1953年起任教于第四军医大学（2018年改名为空军军医大学）。1985年建立神经生物学研究室，任主任。1991年当选中国科学院学部委员（院士）。1992年创建中国人民解放军神经科学研究所，任所长。1992年获何梁何利基金科学技术进步奖，1995年获"八五"全军后勤重大科技成果奖，1996年获解放军专业技术重大贡献奖，同年与程天民院士被评为总后勤部科学技术一代名师。

鞠躬早期从事中枢神经系的束路学研究，是国内第一个掌握Nauta法的科学家，我国束路学研究的领军人物。其后从事神经内分泌学研究，发现了脑下垂体前叶可受神经直接调节，提出了垂体前叶受神经、体液双重调节的学说，修正了近半个世纪国际上垂体前叶只受激素（体液）调剂的观点。同时，他领导了脑对免疫系统调节的研究。2000年后，鞠躬提出了脊髓损伤早期神经外科手术干预的全新手术概念并向临床转化，取得重大突破。

少年时代

一家四口，四个姓氏

清末的安徽绩溪，有一位姓周的茶叶商人，给自己的孩子取名周祺安。受过私塾教育的周祺安不愿安享祖业，又感于氏族间的恩怨，废弃了自己的"周"姓，自取名为索非，取"不索非何以求是"之意，并只身背井离乡，求学谋生。索非早年从事无政府主义宣传活动，曾写过一系列文章。1927年，开明书店成立，索非开始长期在此任职。

1929年冬，索非和夫人姚鞠馨的第一个孩子在上海出生，他给孩子取名"鞠躬"，希望孩子能够为了国家鞠躬尽瘁。1931年，鞠躬的妹妹出生，索非给第二个孩子取名"沉沦"（后改名为沈沦）。

索菲、姚鞠馨、鞠躬、沉沦,每个人都有自己的姓氏,少年鞠躬就成长在这样一个不拘世俗的幸福的四口之家。

自己动手、独立思考的少年

1935年,鞠躬全家从上海闸北避难到法租界,在霞飞

鞠躬中学时的全家福

路上的霞飞坊59号安了家,鞠躬就近在海光小学读书。索菲从不强迫孩子学习,鞠躬的学习完全根据兴趣而定,这种宽松的学习环境让鞠躬可以自由探索、独立思考。

鞠躬读小学时,索菲和顾均正创办了"天工实业社",有一个产品叫"少年化学实验库",这是配合《少年化学实验手册》一书专门设计的一套供中学生做化学实验用的简易"实验箱",包括一些简单的玻璃仪器和17种化学药品,可以做100多个实验,可以为青少年学习化学知识打下基础,这些"实验设备"也锻炼了鞠躬动手做实验的能力。

初中时,鞠躬经常动手做一些和学习有关的小设备,譬如课堂上老师讲了静滑轮和动滑轮,他回家后就在废象棋或军棋子周边刻一个糟,中间钻个孔,用绳子穿成动滑轮,把它挂在窗上,尽管阻力比较大,但仍然可以看出牵拉长度比。放学回家路上,鞠躬看到有人用经纬仪测量距离,自己也动手做了一个简易经纬仪,在竹子上面放一个盘子,再放一个半圆仪,做成一个定位仪,非常有创造性。

立志学医

鞠躬至今仍清楚地记得,他上中学时有一天吃过晚饭,父亲把他叫到身旁,问他以后打算怎么救国。当时鞠躬从广播里、报纸上和书上听到、看到了太多日军的暴行,回答道:"当兵,打日本鬼子!"父亲却说:"当兵没有用,要学医才

能救国。"

索非认为，只有人民身体健康了才能最终把日军赶出中国，而他自己也身体力行地在实践着"医学救国"。索非曾经写过《孩子们的灾难》《疾病图书馆》《人体旅行记》《人与虫的搏斗》《人体科学谈屑》《战时救护》等通俗医学读物。在开明书店工作之余，索非独自潜心研究医药，考取了上海市工部局的医师资格证，并在上海四马路欧洲大药房楼上开了间小诊所，通常利用午休时间到诊所给人看病。

家里有很多索非使用的医学书籍，鞠躬曾经翻过一些，被书里的各种人体解剖图震惊到了。他也经常去父亲的诊所观察各种医疗设备，看父亲如何治病。这些经历让鞠躬对医学有了认识，并立下了学医的志向。

湘雅时光

选择湘雅

1946年，受教育家范寿康先生的邀请，索非赴台北工作，鞠躬跟随父亲去了台湾，按照父亲的意愿，他计划在台湾大学医学院学医。但是当时上医学院要先读先修班，鞠躬不愿在先修班耽误时间，就在台湾大学理学院化学系就读了。第二年，当鞠躬想转入医学院时，名额已满，无法转入。为了实现学医的愿望，他返回大陆继续求学。

但是该去哪个学校学医呢？鞠躬的亲戚认识一位从湘雅医学院毕业的学生，这位湘雅毕业生向鞠躬介绍了湘雅优美的校园、先进的设备、良好的环境，鞠躬非常向往，就报考了湘雅医学院。

1947年，鞠躬考入湘雅医学院，成为27班的学生。当他入学时，却发现湘雅医学院的情况和那位前辈描绘的完全不一样，那是抗战前的湘雅医学院。在抗战期间，湘雅医学院遭受重创，被日军的大火烧得面目全非。鞠躬入学时，湘雅医学院刚重建不久，条件依旧艰苦。从小生活条件优渥的鞠躬面对艰苦的条件没有叫苦，因为他顾不上物质条件，他把绝大部分精力都投入兴趣浓厚的医学课程。在湘雅医学院，鞠躬学习非常用功，常常熬夜苦读。

受益终身的良师

尽管物质条件艰苦,但湘雅医学院的师资却一如既往地保持着高水准,老师们的言传身教影响了鞠躬一生。

鞠躬印象深刻的是当时的解剖学助教曹美鸿老师。曹老师非常认真,上解剖课前一天都会提前摆好尸体,自己先解剖一遍,再给学生们指导,条理非常清晰,这让鞠躬受益匪浅,所以鞠躬的解剖学成绩一直名列前茅。

还有一位生化老师也对鞠躬帮助非常大。有一次生化老师遇到了在图书馆看书的鞠躬,对鞠躬说:"你应该学着怎么去查文献",并给鞠躬介绍书架上的杂志,教鞠躬用医学索引汇编等,告诉鞠躬研究什么类型的题目、应该看什么类型的文献。尽管时间已过去了60多年,鞠躬对此依然记忆深刻。

在神经解剖学课堂上,学生们难以建立脑神经核的立体感,神经解剖学老师要求鞠躬把废X片洗成空白塑料片,再把塑料片剪成一张张小方块,在上面画出彩色的脑神经核切面,每隔一定距离画一张,然后用线穿起来,制成一个立体的脑神经核模型。鞠躬利用暑假时间出色地完成了任务,不仅锻炼了他的实验能力,也锻炼了他的创造力。在鞠躬后来的教学生涯中,他经常动手制作教具,便于学生理解复杂的神经系统。

协和高级师资班

"不幸"到协和

1952年,鞠躬从湘雅医学院毕业,选择了三个志愿:第一志愿生理学,因为他喜欢做研究工作,喜欢做实验,喜欢推理;第二志愿细菌学,因为他曾经在图书馆翻到一本关于病毒学最新进展的书,非常着迷;第三志愿病理学,因为这个学科在医学上非常重要。在期待着能实现三个志愿中的任何一个时,鞠躬收到通知——他被选进协和医学院解剖学高级师资班进修,不是生理学,不是细菌学,不是病理学,而是解剖学。

原来,在鞠躬毕业时,解放军总后勤卫生部委托国家卫生部的一位干部为解放军选一个解剖学教员。全班同学没有一个人主动选解剖学，于是这位干部就按照解剖学大考的分数选人，成绩最高的鞠躬就这样被选中了。

就在同学们都在叹息鞠躬被命运捉弄时，鞠躬心平气和地接受了命运的安排。他带着在湘雅医学院使用的解剖学实验指导、神经解剖学教科书平平静静地去了北京。

1952年，到北京的第二天，鞠躬就开始在协和医学院的学员自习室复习以前学过的解剖学知识。在鞠躬心中，解剖学中的神经解剖学、胚胎学都还有大片的待开垦的处女地吸引着他，还有无限的未知等着他发掘。

错过的留苏机会

在协和医学院进修的鞠躬保持着在湘雅医学院的刻苦与严谨，并得到了老师们的肯定。有一次，鞠躬在解剖臀中肌下血管及神经丛时做得很仔细、很干净，正好解剖学系的张鋆教授过来察看，表扬了他一番，并对其他同学说"解剖就应该像鞠躬那样做"。

在协和医学院解剖学高级师资班结业的时候，张鋆询问鞠躬是否愿意去苏联学习，鞠躬喜出望外，激动地表示这是梦寐以求的学习机会。但没过几天，张鋆遗憾地告诉鞠躬解剖学系只有一个留苏名额，而且已经指定了另外一名同学。

此后不久，鞠躬接到总后勤卫生部的通知，被分配到西安第四军医大学解剖教研室工作。鞠躬还是老态度，平和地服从安排，因为在他心中有一个信念：只要踏实认真、积极钻研，到哪里都可以创一番事业。

协和医学院解剖学高级师资班同学在颐和园门口合影（后排左一为鞠躬）

第四军医大学岁月

四医大图书馆的"搓板"

1953年,鞠躬刚到第四军医大学时,西安的生活条件还很艰苦,老百姓用谚语总结了三个特点:马路不平,电灯不明,电话不灵。位于西安东郊的第四军医大学有一大片校区以前是乱坟地,下雨天经常会地面塌陷,露出浅坟坑中的尸骨。艰苦的条件没有让鞠躬退缩,他在第四军医大学安下了家。

1954年,南京的第五军医大学(原中央大学医学院)整体迁到西安,与第四军医大学合并。令鞠躬无比兴奋的是,两校合并充实了学校的图书馆,第五军医大学带来了许多经典的图书和外文杂志,如1891年创刊的 *Journal of Comparative Neurology* 是神经形态学的权威杂志,鞠躬觉得这简直是命运之神的眷顾,他把所有的空闲时间都花在图书馆看文献。

鞠躬当时很瘦,同事们给他起了个绰号叫"搓板",这块"搓板"天天出现在第四军医大学的图书馆里,坐在硬板凳上,把坐骨结节下的皮都磨破了,他却说:"值!磨破了屁股皮,脑袋长了知识。"

鞠躬看文献不是囫囵吞枣地看,而是有选择、有分类地看,并按照类别把重要的内容记录在笔记本上,把重要的附图用透明纸临摹下来。他在湘雅医学院求学时就开始记笔记,到了北京更是不放过藏书众多的协和图书馆,来到了第四军医大学依旧坚持这个好习惯。

从1952年开始到1984年鞠躬开始使用电脑为止,保存下来的笔记本有47本,其中包括神经形态学笔记36本、神经生理学笔记7本、临床医学笔记4本。这些笔记中除了英文外,还使用了俄文、德文、日文三种文字。鞠躬在上海读书时在同德中学学过一些德文,在协和医学院时学过18天的俄文,后来又自学了日文。

神经科学研究的先行者

为了迎接第五军医大学的到来,第四军医大学新盖了一栋五层大楼。鞠躬的科研条件也改善很多，他分到一间只有 4 平方米的"迷你"办公室，但令他开心的是有了形态学实验室、动物手术室。有了实验室，但是缺设备，鞠躬想"没有枪，没有炮，我们自己造"，他在修配所老师傅的帮助下做了十几件土仪器，这些自行设计的土仪器既实惠又实用。在这种条件下，鞠躬立志进行神经解剖学研究，没有人教，没有人指导，他开始了自己的摸索。

鞠躬最先注意到 Nauta 法研究。神经解剖学研究的一个重点是"束路学"，主要研究中枢神经系各部分之间的联系，最经典的是 Marchi 染色法，可以把变性的髓鞘染成黑色，缺点是只能染髓鞘、不能染出髓鞘内的神经纤维，无法研究神经元间的联系。20 世纪中期发展成熟的镀银染色法可以染出神经纤维，可以将变性纤维染成黑色，正常纤维呈深棕色，但黑色和深棕色颜色对比度不大，要追踪海量的纤维联系非常困难，当时全世界只有四名科学家的工作被认为是可靠的。

20 世纪 40 年代中期，美国科学家 Nauta 发明了一种方法，可以将变性神经纤维染成黑色，而正常神经纤维呈黄色，两种颜色对比鲜明、一目了然，被称为 Nauta 法。20 世纪 50 年代 Nauta 法发展成熟，极大地推动了束路学的发展。但 Nauta 法依旧有不易之处，它的技术难度在于关键步骤的试剂很难配制。

当时国内有几个单位在试做 Nauta 法实验，鞠躬经过反复试验率先获得成功，在《解剖学报》上发表了国内第一篇用 Nauta 法做研究的论文，在中国神经解剖学界初露头角。

奋力追赶的 80 年代

当鞠躬计划着在神经解剖学界大施拳脚时，"文化大革命"彻底搅乱了他的计划，正常的科研、教学活动被迫停止了。

1969 年，林彪发布"一号命令"，三个军医大学逆时针调防，西安第四军医大学调往重庆，鞠躬带着简陋的行李前往重庆。尽管条件艰苦，鞠躬依然没有放弃学习。不能进图书馆，不能看神经生物学的专业文献，他就自学外语，他期待着有一天可以回到实验室，可以继续看文献。

"文化大革命"后期，鞠躬终于可以进图书馆了。他迫不及待地捧起新进的外文期刊，才知道在 1970 年有一种新的方法——HRP 法（又称辣根过氧化物酶法）替代了 Nauta 法。1976 年第四军医大学调回西安后，鞠躬开始拼尽全力地和时间赛跑，要把"文化大革命"期间耽误的时间补回来。

经过几年的实验与研究，鞠躬在束路学上又有了新突破——掌握了HRP法。1979年，在庐山召开的第一次全国解剖学会议中，鞠躬做了关于《辣根过氧化物酶追踪神经束路》的报告。随后几年，他和同事们运用此法做了一系列神经解剖学研究，发表了一系列论文。

1985年，具有学术敏感性的鞠躬创办了第四军医大学神经生物学教研室，这是国内医学院校中第一个神经生物学方向的教研室。

鞠躬没有留过学，但有两次访学经历。1985年，鞠躬赴瑞典卡罗林斯卡学院的Tomas Hokfelt研究组做访问学者8个月，随后又赴美国加州圣地亚哥的索尔克生物研究所的Larry Swanson教授实验室做访问学者6个月。他将访问的成果写成论文《大鼠含CGRP的初级感觉神经元及其与P物质、生长抑素、甘丙肽、VIP及CCK神经元的关系》，于1987年发表在《细胞和组织研究》(*Cell and Tissue Research*) 杂志上，成为神经学的经典之作。

1987年，京都大学医学院解剖系主任水野教授来第四军医大学访问，看到鞠躬做的染色切片后非常赞赏，鼓励鞠躬写文章介绍自己的实验方法。1988年，鞠躬关于葡萄糖氧化酶-葡萄糖法的文章发表在 *Neurosci Lett* 上，成为神经解剖学的又一经典之作。2000年，美国科学信息研究所统计1981—1998年具有极高影响力的SCI论文，其中中国科学家论文47篇，属于神经科学类的仅有1篇，即鞠躬的这篇论文。

早年在第四军医大学做动物实验的鞠躬

当选院士后的责任与挑战

1991年的一天早上，鞠躬照常在办公室查看信件，突然得知自己当选为中

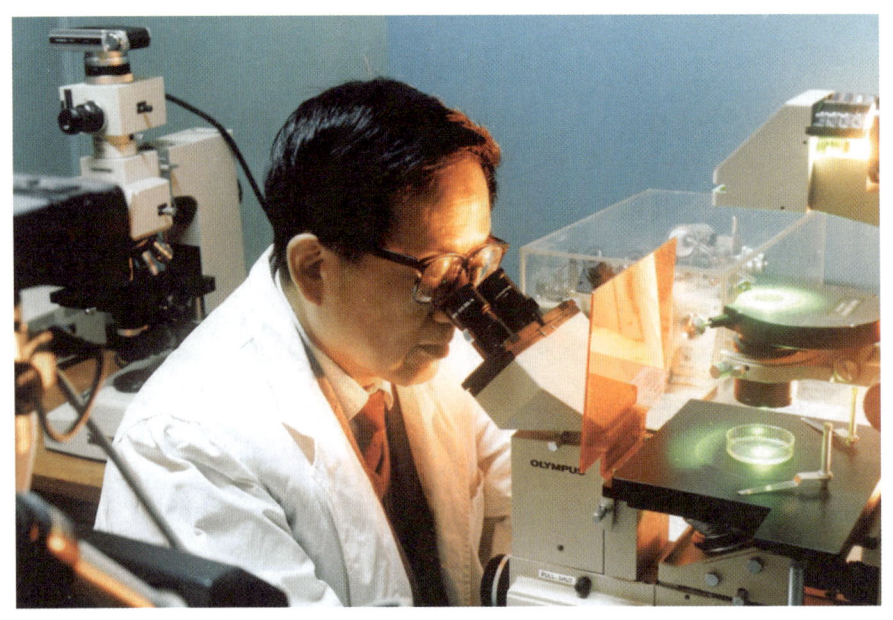

20世纪90年代，鞠躬在第四军医大学实验室显微镜下观察实验结果

国科学院学部委员。这是国家设立的科学技术方面的最高学术称号，但鞠躬没有因此停止前进的步伐，他的一个座右铭是：科学家的生命在于不断地更上一层楼的追求！

1995年，在鞠躬的努力下，中国人民解放军神经科学研究所在第四军医大学成立。有了这个良好平台，鞠躬的工作如鱼得水。鞠躬和同事们在哺乳动物脑下垂体前叶腺细胞周围发现了相当数量的神经，并经过十多年的研究提出了脑下垂体前叶受神经、体液双重调节的学说，打破了脑下垂体前叶不受神经直接调剂的半个世纪的定论。同时，鞠躬领导了脑对免疫系统调节的研究，并证明催产素是一种免疫激素。

进入21世纪，鞠躬心系民生，又把研究方向转向了脊髓损伤修复。他和研究团队提出了脊髓挫伤早期神经外科干预的新手术概念，并取得突破性临床效果。

现在的鞠躬依然每天8点准时到办公室上班，继续着他未完成的脊髓损伤修复事业。

丰富的精神世界

鞠躬是科学家，但他的生命中不仅仅只有科学研究，还有着丰富的精神世界。

他是资深的音乐爱好者。1939年，巴金的哥哥、毕业于燕京大学英语教育专业的李尧林从天津来到上海，住在巴金家。酷爱音乐的李尧林把鞠躬带入了音乐的殿堂。鞠躬是古典音乐迷，书架中有很大一部分塞满了交响乐及歌剧的CD、DVD。小学时，他登台独唱《游子吟》；湘雅医学院时，他是学生合唱团的音乐指挥；第四军医大学时，他又是教授合唱团的指挥。至今，在学生的婚礼上，他偶尔还会献唱节奏优美的英语古典名曲 believe me, if all those endearing young charms。

他是文学爱好者。自从鞠躬记事起，他家楼上一直住着一位特殊的客人——索非的挚友、著名的文学家巴金。在巴金和索非的影响下，鞠躬阅读了国内外大量的文学名著。尽管几经搬迁，但鞠躬的书架上仍有上百本各类文学著作，从鲁迅、老舍，到矛盾、巴金；从托尔斯泰到普希金；从简·奥斯丁到玛格丽特·米歇尔，甚至还有马可波罗游记和希腊神话故事。

他是摄影爱好者。2012年中国科学院院士摄影展期间，鞠躬有6幅作品参展。他把科学家的严谨和艺术家的感性相结合，拍出了大量优美又有深刻含义的照片。

鞠躬总结自己说："我对自己的评论是无伟业，点燃一支烛光而已。坎坎坷坷一生，现在蜡炬已几乎成灰了。愿我

2002年，鞠躬应邀参加诺贝尔奖颁奖观礼

国早日成为培养诺贝尔奖获得者的土壤,愿我们世世代代青出于蓝胜于蓝。"

相关阅读

我的三个座右铭

鞠躬

60年前我曾说过一句话"Each day is one step closer to my grave"。同事问我为什么这么悲观,我说:我的意思是活一天少一天,应该珍惜每一天。

今老矣,实足89岁,余日无多,越发珍惜。虽体力日渐不济,但更识途了,每天8点准时上班。一生喜怒哀乐坎坎坷坷地走过来,为人类做出较大贡献的愿望尚未完成。我对自己的评论是无伟业,点燃一支蜡烛而已。

2013年,鞠躬荣获第四军医大学首次设立的教学终身成就奖

鞠躬：一位神经生物学家的成长之路

我学医是受父亲医学救国论的影响。1953年分配到第四军医大学，开始了我的教学和科研生涯，在漫漫长路上下求索，总希望能对人类有所贡献。做了几项有意义的研究，最有实用价值的是脊髓损伤修复，已在脊髓挫伤的神经外科手术治疗上开了国际先河，取得了极好的疗效，并正做进一步提高疗效的深入研究。脊髓前角运动神经元损毁的治疗非常困难，已受到国际上的关注，我们有我们的思路。脊髓全横断已有一些动物实验的报告，但我们有提高疗效的思路，正在研究。但愿余生能有些突破。可喜的是我有一个很好的研究团队，后继有人。

我的第一条座右铭：科学家的生命在于不断地更上一层楼的追求！

我的第二条座右铭：痛己之不足！

我的第三条座右铭：聪明人不是不犯错误的人，而是同样的错误不犯第二次。这条座右铭源自我在访问澳大利亚期间偶然见到的一件事。有一次我下榻在一个乡村旅馆。清晨起床走出旅馆，看见不远处草地上有一大一小两只袋鼠。这片草地是一个私人草场，周围有栏杆围起来，

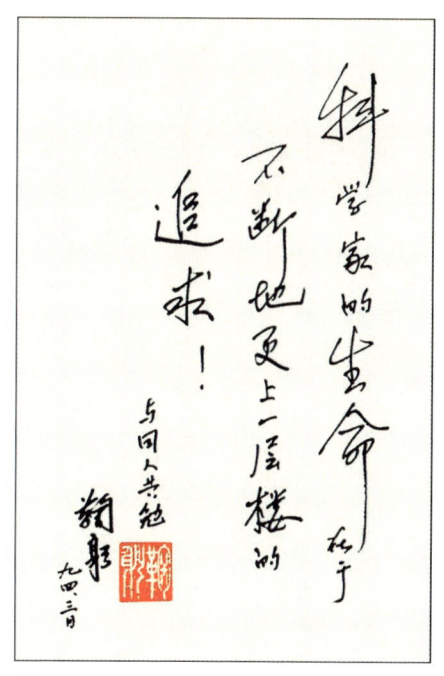

鞠躬的第一条座右铭 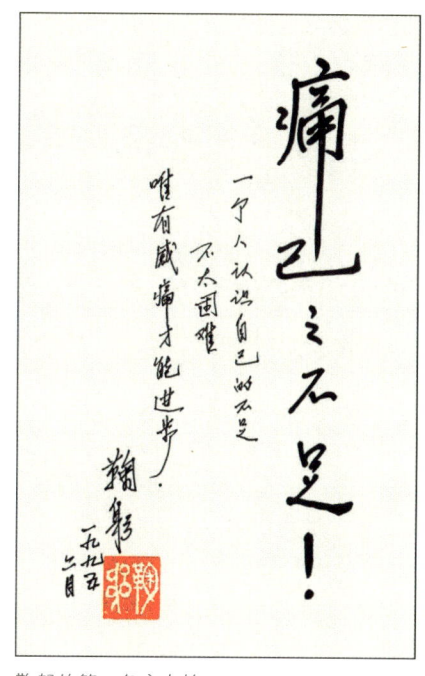　　　　　　鞠躬的第二条座右铭

是一些木桩，其间用三条平行的铁丝连起来。不久，那只大袋鼠从草场出口走了出去，站在栏杆外望着小袋鼠。小袋鼠见母亲出去了，就向它蹦了过去，但被栏杆挡住了。于是小袋鼠将两只前肢搭在上面那根铁丝上，试了试，看能否跳过去。看来袋鼠是跳远能手，立地跳高的本事不怎么样，只到不及它肩的高度就跳不过去了。于是小袋鼠想从铁丝下钻出去。袋鼠的下肢很长，小袋鼠屁股撅得老高，根本钻不出去。小袋鼠转过身跳了回去，在离栏杆几米处停了下来，转过身来向栏杆跳了回去。从栏杆上面、下面又试了试，还是过不去。它又蹦开、又蹦回，反反复复重复着同样失败的动作。因此有感而悟出我的第三条座右铭。虽能悟到，但做起来可知易行难了，多少次我曾拍我的脑袋，怎么又犯同样的错误了！